明日、相談を受けても大丈夫！

破産事件の基本と実務

モデル事例と基本判例・論点でつづる
破産法入門

髙木 裕康

日本加除出版株式会社

はしがき

　本書は，破産事件に初めて取り組む弁護士，ロースクール生，法学部生，金融機関関係者等を読者として意識しつつ，破産法を初めて学ぶ方が，破産法のしくみ，主要な論点・裁判例及び破産事件の実務を，短時間で理解できるようにと願って執筆したものです。

　私は，1988年に弁護士となって以来，破産申立て・破産管財を含む倒産事件を多く手がけてきました。そのようなことから，司法試験考査委員（倒産法担当）やロースクール講師も経験させていただきました。ロースクール講師を務めてみて，破産法の沿革・改正経緯，無数の論点まで含めて，すみずみまで詳細に説明された素晴らしい教科書はあるものの，破産法を初めて学ぶ人が，実務のイメージを抱きながら，破産法の全体像や主要論点・裁判例を短時間で理解できるように意図した書籍は意外に少ないことに気が付きました。そこで，ロースクールで講義した際のレジュメを基に，そのような書籍を作ってみようと思いたった次第です。

　そのため，本書は，次のような方針で執筆しています。

① 第1章で法人破産について，第2章で個人破産について，それぞれモデルストーリーを掲げることにより，実務のイメージを持ちつつ，破産実務の流れを一気通貫で見ることができるようにしました。このモデルストーリーは架空ですが，現実にありそうなストーリーとし，かつ，破産法の主要な制度が表れるようにしており，ストーリーだけ読んでも破産法の全体像がイメージできるようにしました。

② コンパクトな量で，破産法の構造，実務の概要，主要な論点・裁判例をチェックできることを目指しました。そのため，比較的重要度の低い制度や条文（たとえば相続財産の破産，信託財産の破産，共有関係の扱い（破52条），交互計算（破59条），為替手形の引受け又

i

は支払等（破60条），夫婦財産関係における管理者の変更等（破61条），罰則等）又は重要性が低いと考えた論点・裁判例には言及していません。

③ 破産債権の調査方法には，書面による調査（破117条以下）と期日における調査（破121条以下）の2種類がありますが，実務では，全ての裁判所が期日における調査を原則としています。そこで，上述の方針の本書では，期日における調査が採用されているものとして説明をしており，書面による調査（破117条以下）については原則的に言及していません。

④ 他方，重要裁判例については内容に言及するよう努めました。そのうち，初学者のための代表的な裁判例集である「倒産判例百選（第5版）」に掲載されている裁判例については，参照の便宜のため同書における裁判例の番号を記載しました。直近の最高裁判決でも，重要なものは言及しました（言及したもののうち最も新しいものは，最決平30・4・18民集72巻2号68頁）。また，破産の実務や改正民法の影響で，重要と考えたものには言及しています。

⑤ 問題となっていることの具体的なイメージが湧くことが理解を助けると考え，具体例，契約条項例，図等を多く取り入れるよう努めました。また，問題が生じている背景が分かるように，裁判例の事案の内容をある程度説明するように心がけました。

⑥ 学術書ではないので，論点について学説を網羅的に説明することはしていません。議論が積み重ねられている論点について，各学説等についての文献を逐一引用したりすることもしていません。ただし，議論の積み重ねが少ないと考える論点については，それが記載されている文献を引用するよう心がけました。見解が分かれている場合，最高裁判決があるときは，その判示の紹介を中心としています。また，筆者なりにオーソドックスと信じる見解（筆者の個人的見解ではない）を簡単な理由付けとともに提示しています。

以上の考えによっていますので，引用している文献は凡例に記載の

はしがき

ものに絞りました。

　私の意図したところが，いくらかでも実現できており，破産法を学ぼうという方のお役に立てば幸いです。

　平成31年2月

東京丸の内法律事務所

弁護士　髙木　裕康

凡　例

◇**法例略語**◇

　破 ……………………… 破産法

　破規 …………………… 破産規則

　会 ……………………… 会社法

　民 ……………………… 民法

　　現民 ………………… 現行民法

　　改民 ………………… 改正民法

　民執 …………………… 民事執行法

　民執令 ………………… 民事執行法施行令

　民再 …………………… 民事再生法

　民訴 …………………… 民事訴訟法

　商 ……………………… 商法

　会更 …………………… 会社更生法

　借地借家 ……………… 借地借家法

　手 ……………………… 手形法

　労基 …………………… 労働基準法

　刑 ……………………… 刑法

　動産債権譲渡特 ……… 動産及び債権の譲渡の対抗要件に関する民法の
　　　　　　　　　　　　特例等に関する法律

　自抵 …………………… 自動車抵当法

◇**出典略語**◇

　民集 …………………… 最高裁判所（又は大審院）民事判例集

　民録 …………………… 大審院民事裁判録

　金判 …………………… 金融・商事判例

　金法 …………………… 金融法務事情

　判時 …………………… 判例時報

　判タ …………………… 判例タイムズ

凡　例

◇裁判例言及の場合の省略方法◇

　最判平 24・10・19 判時 2169 号 9 頁＝最高裁判所平成 24 年 10 月 19 日判
例時報 2169 号 9 頁

◇文献略語◇

「伊藤」……………………伊藤眞著「破産法・民事再生法」（有斐閣，第 4 版，
　　　　　　　　　　　　　　2018）
「百選」……………………伊藤眞・松下淳一編「倒産法判例百選」（有斐閣，
　　　　　　　　　　　　　　第 5 版，2013）
「注釈(上)」「注釈(下)」…全国倒産処理弁護士ネットワーク編「注釈破産
　　　　　　　　　　　　　　法（上）（下）」（金融財政事情研究会，2015）
「200 問」…………………全国倒産処理弁護士ネットワーク編「破産実務
　　　　　　　　　　　　　　Q & A 200 問」（金融財政事情研究会，2012）

目　次

第1章　法人の破産手続の概要（モデルストーリー）

1　経営危機とこれに対する方針の決定　　2

2　破産手続開始の申立て　　4

3　破産手続開始決定　　6

4　破産管財人の破産財団の管理，事情聴取等の初動　　7

5　破産管財人による換価・回収（売掛金，動産の任意売却）　　9

6　破産管財人による破産財団の整理

　（取戻権，破産管財人の第三者性）　　10

7　破産管財人による換価・回収（双方未履行双務契約の解除）　　11

8　破産管財人による換価・回収（売掛金の相殺に対する対応）　　12

9　別除権の行使　　14

10　破産管財人による換価・回収（担保付き不動産の任意売却）　　15

11　破産管財人による換価・回収（否認）　　16

12　第1回財産状況報告集会・一般調査期日　　17

13　破産債権の行使及びその届出・調査・確定　　18

14　保証人等他に債務者がいる場合　　20

15　財団債権　　21

16　配当　　22

17　破産手続の終了　　23

第2章　個人の破産手続の概要（モデルストーリー）

1　岩手氏，多重債務者となる　　26

2　弁護士への相談・債務整理開始　　27

3　破産手続開始及び免責許可の申立て　　29

4　破産手続開始決定　　30

5　破産管財人の破産財団の管理，事情聴取等の初動　　32

6　自由財産拡張の裁判　　33

目　次

　　　7　第1回財産状況報告集会・一般調査期日・免責審尋期日　　34

　　　8　免責許可　35

　　　9　免責の効力　35

第3章　破産手続の開始と手続の機関

第1節　破産手続の開始　38

第1　破産手続開始の申立て　38

　　1　破産事件の管轄　38

　　　⑴　国際管轄（破4条1項）　38

　　　⑵　土地管轄　39

　　　⑶　移送　40

　　　⑷　具体例　40

　　2　破産能力　41

　　3　破産手続開始の原因　41

　　　⑴　支払不能　41

　　　⑵　法人の場合の債務超過（破16条1項）　44

　　4　破産の申立権者　45

　　　⑴　債務者による申立て　45

　　　⑵　債権者による申立て　45

　　　⑶　法人の理事, 取締役, 清算人等（破19条）による申立て　47

第2　破産手続開始の決定　47

　　1　破産手続開始決定・申立棄却事由　47

　　2　破産申立てを制限する合意の効力　48

　　3　破産決定の効力発生時　49

　　4　破産手続開始決定に関する手続　49

　　5　即時抗告　51

第3　破産手続開始決定の手続的効果　52

　　1　破産財団に関する管理処分権　52

　　2　債権者の権利行使の制限　52

　　　⑴　破産債権の行使禁止　52

　　　⑵　強制執行等の禁止・失効　52

　　　⑶　国税滞納処分の扱い　53

viii

　　　　⑷　訴訟手続の中断等　53

　第4　破産手続開始前の処分　54

　　1　他の手続の中止命令等（破24条）　54

　　2　包括的禁止命令（破25条）　54

　　3　債務者の財産に関する保全処分（破28条）　55

　　4　保全管理命令（破91条2項）　55

　　5　破産手続開始の申立ての取下げの制限（破29条）　55

第2節　手続の機関　56

　第1　裁判所　56

　第2　破産管財人　57

　　1　破産管財人の権限　57

　　　⑴　破産財団の管理処分権　57

　　　⑵　破産管財人の調査権限　57

　　2　破産管財人の法的地位　58

　　3　破産管財人の選任（破74条）　58

　　4　破産管財人の善管注意義務　58

　第3　保全管理人（破91条以下）　61

　　1　概要　61

　　2　保全管理命令の発令要件・手続（破91条1項）　61

　　3　実情　61

　第4　債権者集会　62

　第5　債権者委員会　62

　第6　代理委員（破110条）　63

第3節　破産財団　64

　第1　破産財団とは　64

　第2　自由財産（個人）　64

　　1　新得財産　65

　　2　差押禁止財産　65

　　3　一身専属性のある財産　66

　第3　自由財産の拡張（個人）　67

　第4　破産財団に関する管理処分権　68

目　次

第4章　破産財団と関係者の権利義務関係

第1節　**債権**（破産債権・財団債権）　70

第1　債権の種類　70

第2　事例に基づく破産債権・財団債権の具体例　70

第3　破産債権について　73

　1　破産債権の要件（破2条5項）　73

　　(1)　「破産手続開始前の原因に基づく」とは　73

　　(2)　財産上の請求権であること　74

　2　破産債権の種類と優先順位　74

　　(1)　優先的破産債権　74

　　(2)　劣後的な破産債権　75

　　(3)　破産債権の優先順位（破194条1項）　76

　3　破産債権の行使　76

　　(1)　手続外権利行使の禁止　76

　　(2)　破産債権の等質化　77

第4　**財団債権**（破148条1項）　77

　1　財団債権の種類・要件　77

　2　財団債権に対する弁済　79

第5　**財団債権の弁済による代位**　79

第6　**労働債権の保護**　81

　1　一部の財団債権化　81

　2　優先債権の扱い　81

　3　給料の請求権等の弁済の許可　81

　4　破産管財人の情報提供努力義務　81

　5　継続的供給契約の規律の不適用（破55条3項）　82

　6　労働組合等に関する情報提供又は労働組合等の
　　意見申述権　82

　7　非免責債権　82

第7　**租税等の請求権の優遇**　82

　1　財団債権化　82

　2　優先債権の扱い　83

　3　破産手続によらない権利行使の許容　83

目　次

　　　4　債権届出期間　83

　　　5　異議主張の制限　83

　　　6　偏頗行為否認の適用の制限　83

　　　7　非免責債権　83

第2節　保証・物上保証等多数当事者の扱い　84

　第1　全部の履行をする義務を負う者が数人ある場合等の
　　　　手続参加　84

　　　1　開始時現存額主義　85

　　　2　求償権者の手続参加　87

　　　3　保証人が複数の被保証債権のうち一部の債権につき
　　　　　その全額を弁済した場合　88

　　　4　主債務者(個人)の免責及び主債務者(法人)の消滅の影響　90

　第2　物上保証人への準用(破104条5項)　90

第3節　担保権　92

　第1　総論　92

　　　1　破産手続における担保権の扱いの基本　92

　　　　⑴　別除権　92

　　　　⑵　別除権の行使　93

　　　2　別除権に対し破産管財人ができること　95

　　　　⑴　別除権者の同意を得て任意売却　95

　　　　⑵　担保権消滅請求制度(破186条～191条)　96

　　　　⑶　破産管財人の換価権　98

　　　　⑷　別除権者が処分をすべき期間の指定　98

　　　　⑸　担保目的財産の破産財団からの放棄　99

　　　3　別除権者の破産手続への参加(不足額責任主義)　99

　　　4　別除権の放棄　100

　　　5　別除権行使の具体例　101

　第2　担保権ごとの検討　102

　　　1　民事留置権　102

　　　2　商事留置権　102

　　　　⑴　商事留置権の扱い　102

　　　　⑵　商事留置権の優先順位　103

　　　　⑶　商事留置権の留置的効力　103

xi

目　次

　　　⑷　商事留置権の消滅請求（破192条）　106
　　3　動産売買の先取特権　107
　　　⑴　動産売買の先取特権実行の要件・手続　107
　　　⑵　動産売買先取特権の物上代位　108
　　4　非典型担保　109
　　　⑴　非典型担保の扱い　109
　　　⑵　所有権留保　109
　　　⑶　譲渡担保　113
　　　⑷　集合動産譲渡担保・集合債権譲渡担保　115
　　　⑸　ファイナンス・リース契約　119

第4節　取戻権　122
　第1　一般の取戻権　122
　　1　基本的事項　122
　　2　取戻権の基礎となる権利　122
　　3　対抗要件の要否　123
　　4　対象財産の特定性　123
　　5　取戻権が問題となった事案　124
　　　⑴　証券会社（問屋）が破産した場合における顧客（委託者）の
　　　　権利　124
　　　⑵　離婚した夫婦の一方が破産した場合における他方の
　　　　財産分与請求権　125
　　　⑶　特定目的の預金口座の名義人が破産した場合における
　　　　当該預金　126
　第2　特別の取戻権　128
　　1　運送中の物品の売主等の取戻権（破63条）　128
　　　⑴　売主の取戻権　128
　　　⑵　問屋（商551条）の取戻権　128
　　2　代償的取戻権（破64条）　128
第5節　破産管財人の管理処分行為に基づかない法律行為の
　　　　効力　130
　第1　破産者のした法律行為　130
　第2　破産者の法律行為によらない権利取得　130
　第3　開始後の登記及び登録の効力　131

第4　破産者に対してした弁済　132

第6節　破産管財人の地位　134

第1　基本的事項　134

第2　物権変動における破産管財人の地位　135

第3　第三者保護規定における破産管財人の地位　137

第4　不法原因給付の返還請求における破産管財人の
地位　138

第5　破産管財人の源泉徴収義務　139

第7節　破産者の契約関係の整理　140

第1　双方未履行双務契約に関する規律　140

1　基本的事項　140

⑴　双方未履行双務契約に関する破産管財人の権限　140

⑵　具体例　140

⑶　相手方の催告権　141

2　双方未履行双務契約に関する規律の趣旨　142

3　双方未履行双務契約への該当性　142

⑴　実際になすべき行為が残されていない場合　142

⑵　非典型契約の場合，付随的な義務だけが未履行の場合，
破産管財人による解除権の行使が不公平な場合　143

⑶　双方未履行双務契約の規律の適用除外，特則等　144

第2　継続的給付を目的とする双務契約　145

1　基本的事項　145

2　継続的給付契約の定義　146

3　立法趣旨　146

第3　賃貸借契約　147

1　賃貸人の破産の場合　147

⑴　基本的事項　147

⑵　賃借人による相殺　147

⑶　賃借人の賃料の寄託請求
（賃借人が敷金返還請求権を確保する方法）　148

⑷　賃料債権の譲渡又は賃料の前払　149

2　賃借人の破産　149

⑴　基本的事項　149

xiii

目　次

　　　　⑵　目的物返還までの賃料債権の性質　150

　　　　⑶　双方未履行双務契約の解除と違約金条項との関係　150

　　　　⑷　倒産解除特約　153

　　第4　請負契約　153

　　　1　注文者の破産　153

　　　　⑴　基本的事項　153

　　　　⑵　出来高部分の帰属　154

　　　　⑶　破産前の仕事に相当する報酬の扱い　155

　　　2　請負人の破産　155

　　　　⑴　請負契約に双方未履行双務契約の規律は適用

　　　　　されるか　157

　　　　⑵　出来高及び前渡金返還請求権の扱い　157

　　第5　委任契約　158

　　　1　基本的事項　158

　　　2　会社の破産の場合の問題　158

　　第6　雇用　160

　　第7　市場の相場がある商品の取引に係る契約（破58条）　160

第8節　相殺権　162

　　第1　相殺権の保障　162

　　　1　基本的事項　162

　　　2　相殺権の行使方法　163

　　　3　破産前になされた三者間の相殺合意の効力　163

　　第2　自働債権又は受働債権が条件付，期限付等の場合　164

　　　1　相殺権の拡張　164

　　　2　破産債権（自働債権）が条件付，期限付等の場合　164

　　　　⑴　自働債権として相殺に供することができる債権　164

　　　　⑵　自働債権（破産債権）が停止条件付又は将来の請求権の

　　　　　場合　165

　　　3　破産債権者が負担する債務（受働債権）が期限付，条件付等

　　　　の場合　165

　　第3　相殺の禁止　167

　　　1　基本的事項　167

xiv

2　破産債権者が債務負担した場合の相殺禁止（破71条1項）　168

　⑴　要件　168

　⑵　具体例　171

　⑶　適用除外　172

3　破産財団に対して債務を負担する者が破産債権を取得した場合の相殺禁止（破72条1項）　176

　⑴　要件　176

　⑵　適用除外　179

第4　破産管財人による相殺　181

第5　「破産債権」対「破産財団帰属債権」以外の相殺の可否　181

1　破産債権を自働債権とし，自由財産帰属債権を受働債権とする相殺の可否　182

2　自由財産帰属債権を自働債権とし，破産債権を受働債権として行う相殺の可否　182

3　財団債権と破産財団帰属債権との相殺の可否　182

第9節　否認権　184

第1　総論　184

1　否認権の意義　184

2　否認対象行為の種類（大分類）　184

3　否認対象となる行為の時期　185

　⑴　基本的な考え方　185

　⑵　支払不能の意義　185

　⑶　支払停止の意義　187

4　否認権行使の具体例　188

第2　財産減少行為（狭義の詐害行為）の種類と要件　189

1　狭義の詐害行為否認（破160条1項1号）　189

2　危機時期後の詐害行為否認（破160条1項2号）　190

3　詐害的債務消滅行為（対価的均衡を欠く代物弁済等）の否認（破160条2項）　190

4　無償行為否認（破160条3項）　191

　⑴　無償行為否認の要件　191

xv

目　　次

(2)　無償行為否認の効力に関する特則　192

(3)　会社代表者の会社債務に関する保証・物上保証は
無償行為か　192

5　相当の対価を得てした財産処分行為の否認（破161条）　195

(1)　規定の趣旨　195

(2)　内部者に関する証明責任の転換（破161条2項）　196

(3)　「財産の種類の変更」とは　196

(4)　「隠匿，無償の供与その他の破産債権者を害することとなる
処分（隠匿等の処分）」とは　197

(5)　具体例　197

第3　偏頗行為否認の種類と要件　198

1　偏頗行為否認（破162条1項1号）　198

(1)　担保供与又は債務消滅に関する行為　198

(2)　同時交換的行為の除外　198

(3)　手形債務支払の場合等の例外（破163条）　200

2　非義務行為（破162条1項2号）　201

(1)　「破産者の義務に属せず，又はその時期が破産者の
義務に属しない行為」とは　202

(2)　趣旨　202

第4　対抗要件否認（破164条）　202

1　趣旨　202

(1)　制限説　202

(2)　創設説　203

2　裁判例　203

(1)　債権譲渡における第三債務者の承諾を否認できるか　203

(2)　停止条件付集合債権譲渡契約の否認　204

(3)　支払停止等の前になされた対抗要件具備行為の否認の可否
205

第5　否認の一般的要件　208

1　有害性　208

(1)　概説　208

(2)　返済のための借入金による弁済　209

(3)　動産売買先取特権の目的物による代物弁済　210

2　不当性　212

　　3　破産者の行為の要否　212

　　　⑴　基本的事項　212

　　　⑵　破産者以外の者のした弁済の否認　213

第6　否認の要件に関するその他共通条項　215

　　1　支払停止を要件とする否認の制限　215

　　　⑴　条文　215

　　　⑵　趣旨　215

　　2　執行行為の否認　216

第7　否認権行使の効果　216

　　1　財産の物権的復帰　216

　　　⑴　原則　216

　　　⑵　無償否認の場合　217

　　　⑶　否認の登記（破260条）　217

　　2　否認の効果の発生時期　218

　　3　相対的効果　218

　　4　価額償還請求権　219

　　5　相手方の地位　219

　　　⑴　破産者の受けた反対給付に関する相手方の権利等
　　　　　（破168条1項）　219

　　　⑵　隠匿等の処分の場合（破168条2項）　219

　　　⑶　内部者の場合の推定規定（破168条3項）　220

　　　⑷　差額償還請求権（破168条4項）　220

　　　⑸　相手方の債権の回復（破169条）　221

第8　転得者に対する否認（破170条）　221

　　1　基本的事項　221

　　2　否認権を転得者に対しても行使できる場合　222

　　3　転得者否認の効果　222

第9　否認権の行使方法　223

　　1　総説　223

　　2　否認の訴え　223

　　3　否認の請求（破174条）　224

　　4　裁判手続外での否認権行使の可否　224

xvii

目　次

    5　否認権の行使期間　225

    6　否認権のための保全処分（破171条，172条）　225

第5章　破産手続の進行

第1節　破産債権の届出・調査・確定　228

第1　破産債権の届出　228

    1　破産手続に参加する方法　228

    2　破産手続参加が消滅時効に与える効力　230

    3　一般調査期日終了後の届出　231

    4　一般調査期日の終了後に生じた破産債権の扱い　231

    5　届出名義の変更　232

    6　破産債権者表の作成　232

第2　破産債権の調査　232

    1　破産債権の調査の方法　232

     ⑴　書面による調査（書面方式）　232

     ⑵　期日における調査（期日方式）　232

    2　調査の対象事項　234

    3　債権届出期間の経過後に届出・届出事項の変更があった
　　　　破産債権の扱い　235

    4　特別調査　235

     ⑴　債権届出期間の経過後，一般調査期日の終了前の
　　　　　届出等がある場合　235

     ⑵　一般調査期日の終了後の届出等がある場合　235

     ⑶　費用負担　235

    5　破産者の異議　236

第3　破産債権の確定　236

    1　破産債権の調査で異議等がなかった場合　236

    2　破産債権の調査で異議等があった場合　238

     ⑴　無名義債権の場合の確定手続　238

     ⑵　有名義債権の場合　240

     ⑶　破産債権の確定に関する訴訟の結果の扱い　241

(4)　破産手続終了の場合における破産債権の確定手続の
　　　　　取扱い（破133条）　241

　第4　租税等の請求権等に関する特例　241
　　1　租税等の請求権等の届出　241
　　2　租税等の請求権等に対する異議の主張　242

第2節　破産財団の管理・換価　243
　第1　破産財団の管理　243
　　1　破産財団帰属財産の確保の方法　243
　　　(1)　管理の原則　243
　　　(2)　引渡命令　243
　　　(3)　封印及び帳簿の閉鎖　244
　　　(4)　警察への援助要請　244
　　2　情報の収集・確保のための制度　244
　　　(1)　破産者の重要財産開示義務　244
　　　(2)　破産管財人の調査権　245
　　　(3)　破産者の説明義務や重要財産開示義務を実効的な
　　　　　ものとするための制度　245
　　　(4)　郵便物等の調査（郵便物等の転送の嘱託）　246
　　3　財産評定　246
　　4　破産管財人の報告　247
　　　(1)　裁判所への報告書提出　247
　　　(2)　債権者集会における報告　247
　　　(3)　債権者委員会に対する報告　248
　　5　法人の役員の責任の追及　248
　　　(1)　役員の責任の査定手続　248
　　　(2)　役員の財産に対する保全処分　248

　第2　破産財団の換価　249
　　1　基本的事項　249
　　　(1)　破産管財人の裁量　249
　　　(2)　破産管財人の換価行為に対する制限　249
　　2　例外的換価方法　249
　　　(1)　不動産等の換価方法　249
　　　(2)　別除権の目的物の換価方法　250

xix

目　次

　　　　⑶　別除権者が処分すべき期間の指定　250

第3節　配当　251

　第1　基本的事項　251

　　1　配当をする場合　251

　　2　配当の順位　251

　第2　最後配当の手続（破195条以下）　252

　　1　最後配当許可　252

　　2　配当表の作成　252

　　3　配当の公告又は通知　253

　　4　最後配当に関する除斥期間　253

　　5　配当表に対する異議　255

　　6　配当表の更正　255

　　7　配当額の定め及び寄託されたものの精算　255

　　8　配当額の通知　256

　　9　配当の実施　256

　第3　他の配当手続　257

　　1　簡易配当（破204条）　257

　　2　同意配当（破208条）　257

　　3　中間配当（破209条）　257

　　　⑴　中間配当をする場合　257

　　　⑵　別除権者の扱い　257

　　　⑶　異議等のある無名義債権の扱い　258

　　　⑷　停止条件付債権・将来の請求権の扱い　259

　　　⑸　解除条件付債権の扱い　259

　　4　追加配当（破215条以下）　259

第4節　破産手続の終了　261

　　1　最後配当（簡易配当・同意配当）をした場合　261

　　　⑴　計算報告　261

　　　⑵　手続終結　261

　　2　配当できない場合　262

　　　⑴　同時廃止　262

　　　⑵　異時廃止　262

　　3　破産手続終了後の破産管財人の当事者適格　262

第6章　免責・復権

第1節　免責　266

　第1　免責の目的　266

　第2　免責の手続　266

　　1　免責の申立て　267

　　2　免責に関する調査　267

　　3　免責審理期間中の個別執行禁止効　268

　　4　免責許否の裁判　268

　　5　即時抗告　269

　第3　免責不許可事由（破252条1項1号～11号）　269

　第4　免責許可決定の効力　272

　　1　免責される範囲　272

　　2　免責後の債務の性質　273

　　3　強制執行の禁止　274

　　4　保証人等への効果　275

第2節　復権　277

　第1　破産による資格制限等　277

　第2　復権の意義　277

第**1**章

法人の破産手続の概要
（モデルストーリー）

第1章　法人の破産手続の概要（モデルストーリー）

　本章では，法人破産のモデルストーリーとして，架空の破産事件の経過を始まりから終わりまで記載します。これにより，典型的な法人の破産手続の進行や処理方法を示します。

　現実の破産手続の運用は，裁判所ごとで多少異なります。筆者としては，オーソドックスな運用がなされているものとして，モデルストーリーを作成しており，特定の裁判所の運用を前提としていませんので，裁判所名も架空の裁判所である「江戸地方裁判所」を用いることとします。

1　経営危機とこれに対する方針の決定

　モンキー食品株式会社は，餃子等の食品を製造し，スーパーマーケット等に販売している株式会社であり，その概要は以下のとおりである。

代表取締役社長　　青森太郎
年商（年間売上高）　約10億円
負債総額　　　　　約11億円（そのうち金融機関からの借入金6億円）
従業員数　　　　　約50名

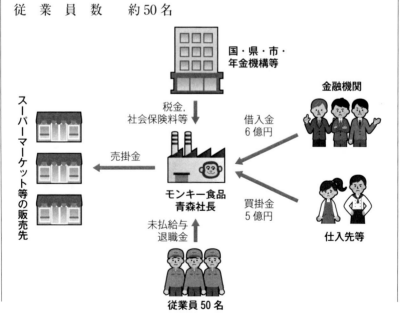

モンキー食品は，ここ数年売上が低迷し，営業赤字が続いており，平成28年4月末における金融機関への返済及び仕入先等の取引先への支払をする資金が用意できない見込みである。

　そこで，青森社長は，かねてより知合いの鹿児島弁護士にモンキー食品の取るべき対応について相談をした。青森社長と鹿児島弁護士は，モンキー食品の決算書等を検討しながら，さまざまな観点から協議をした。その結果，青森社長は，以下の理由から，事業を廃止し破産手続を取るしかないと決意し，手続を鹿児島弁護士に委任することにした。

① 営業損益を黒字化できる手段が見当たらず，事業を継続するほど財務内容が悪化してしまう。また事業を承継してくれる者（スポンサー）が見つかる見込みもない。

② 4月末に金融機関や取引先に対する債務不履行が生じた場合，それらの者が我先にと取立てに押しかけるなどの混乱が起こることが予想される。

③ どのみち全ての債務の支払ができないのなら，破産手続により，せめて一部だけでも法律に従い公平に弁済して，少しでも債権者に納得してもらいたい。その方が税務上の貸倒等の債権者側の処理も行いやすい。

④ 従業員の未払給与・退職金を保護する制度として，労働者健康安全機構[1]の未払賃金立替払制度[2]があるが，破産手続を取った方が立替払もスムーズに進む。

　企業が窮境に瀕し，債務を整理することが必要な場合，清算型の法的手続としての破産（手続きを定めるのは破産法）もしくは特別清算（手続

1　独立行政法人労働者健康安全機構法に基づいて設立された，厚生労働省が所管する法人。
2　企業倒産に伴い賃金が支払われないまま退職をした労働者に対し，「賃金の支払の確保等に関する法律」に基づいて，その未払賃金の一定額を政府が事業主に代わって立替払する制度（詳細は，労働者健康安全機構ウェブサイトを確認されたい）。

第1章　法人の破産手続の概要（モデルストーリー）

を定めるのは会社法第2編第9章第2節），再建型の法的手続としての民事再生（手続を定めるのは民事再生法）もしくは会社更生（手続を定めるのは会社更生法），又は私的整理が考えられます。

　破産は，裁判所が選任する破産管財人が破産者の財産を換価し，債権者に対し法律に定める順位に従い公平に分配することを特徴とする清算型の法的手続です。ただし，個人の破産には，破産者について経済生活の再生の機会の確保を図るという目的もあります（破1条）。

2　破産手続開始の申立て

　破産手続を受任した鹿児島弁護士は，モンキー食品の役員・従業員と協力し，以下のとおり破産申立ての手続を進めた。

4月25日　①　取締役会で事業廃止及び破産申立てを決議（会362条4項）

　　　　　②　手持現金及び会計帳簿，預金通帳等の重要書類を弁護士が預かった。

　　　　　③　従業員に対する事情説明

　　　　　④　従業員を即日解雇し，当日分までの給与の一部及び解雇予告手当（労基20条）を支払った。給与の残りと退職金は資金不足で支払えなかった。整理のため必要人員3人を残した。

　　　　　⑤　事務所・工場等を厳重に戸締り

　　　　　⑥　事務所・工場に，謝罪及び破産申立て予定である旨の掲示

　　　　　⑦　債権者全員に対し，謝罪及び破産申立てをする

　　　　　旨の通知（FAXで）
　　　⑧　破産手続開始の申立書等の必要書類の準備
4月27日　①　管轄裁判所（破4条〜6条）である江戸地方裁判
　　　　　所に破産申立て（破20条）
　　　②　所定の費用を予納（破22条）
　　鹿児島弁護士が破産申立てを急いだのは，破産手続開始決定を
受けるまでは破産債権者の個別の債権行使（破100条1項，42条1項
等）や国税滞納処分（破43条1項）をすることが禁じられていない
ため，早く開始決定を受けなければ混乱や破産財団からの財産の
流出が起こる可能性があるからである。
　　もっとも，モンキー食品自らきちんと財産保全の措置をとり，
早く開始決定を得れば，財産の保全ができるので，開始決定前に
保全処分（破28条），中止命令（破24条），保全管理人による管理
（破91条）等の申立てはしなかった。

　破産手続は，裁判所に対する書面での申立てにより開始されます
（破15条，20条，破規1条）。その申立権者は，債権者，債務者（破18条1
項）のほか，債務者が法人の場合には，理事・取締役・清算人等の準
債務者（破19条1項・2項）です。
　破産手続が開始されるには，裁判所が定める手続費用（予納金）の予
納が必要です（破22条1項，30条1項1号，破規18条）。また，債務者に次
の破産手続開始原因があることが必要（破15条，16条）です。
　①　支払不能（破15条1項）
　　　「債務者が，支払能力を欠くために，その債務のうち弁済期に
　　あるものにつき，一般的かつ継続的に弁済することができない状
　　態」（破2条11項）
　②　債務者が法人の場合は，債務超過（破16条1項）
　　　「債務者が，その債務につき，その財産をもって完済すること
　　ができない状態」（破16条1項括弧書き参照）
⇒第3章第1節第1

第1章　法人の破産手続の概要（モデルストーリー）

3　破産手続開始決定

　　江戸地方裁判所破産担当部の三重判事は，申立書その他の書類を検討し，モンキー食品が支払不能（破15条）の状況にあると認め，申立てが誠実にされたものではないと窺わせる事情もなかったので，破産手続を開始することとした（破30条1項）。

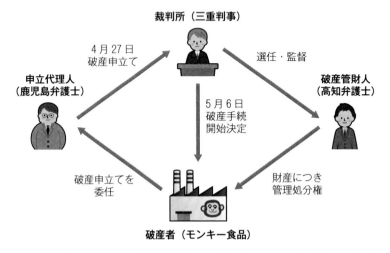

　　三重判事は，直ちに高知弁護士に連絡をとり，破産管財人就任の内諾を得，破産手続開始申立書その他の書類の写しが高知弁護士に渡されるよう手配した。また，破産債権届出期間等所定の事項（破31条1項）を決めた上で，5月6日に次の措置を取った。

① 　破産手続開始決定（破30条）
② 　官報公告の依頼（破32条1項）
③ 　モンキー食品から提出された債権者一覧表に記載の債権者に破産手続開始の通知及び破産債権の届出用紙を郵送。また，財産所持者等に破産手続開始の通知を郵送（破32条3項）
④ 　郵便事業者に対し，モンキー食品（破産者）あての郵便物を破産管財人である高知弁護士に配達するよう嘱託（破81条）
⑤ 　裁判所書記官が登記所に対し，破産手続開始の登記を嘱託（破257条）

(1) 破産手続開始申立てを受けた裁判所は，破産手続開始原因（破15，16条）があると認めるときは，申立棄却事由がある場合を除き，破産手続開始決定をします（破30条1項）。同時に，破産管財人を選任し，かつ原則として次の事項を定めます（破31条1項）。

① 破産債権の届出期間
② 財産状況報告集会の期日
③ 債権調査期間又は債権調査期日

上記事項は，公告され（破32条1項），知れている債権者等に通知されます（破32条3項）。

⇒第3章第1節第2

(2) 破産手続開始決定により，原則的に債権者の個別の権利行使はできなくなります（破100条1項）。

⇒第3章第1節第3

4 破産管財人の破産財団の管理，事情聴取等の初動

破産管財人に選任された高知弁護士は，破産手続開始決定以前から破産手続開始申立書等の関係書類を精読し，申立代理人との打合せを行って，事件を把握した上で，開始決定の日以後直ちに破産財団（破34条）の管理（破79条）等，下記の活動を行った。

① 開始決定直後にモンキー食品（以後「破産者」ともいう）の事務所・工場・従業員寮に赴き，戸締りを確認して建物の鍵を預かり，それぞれの入り口等に下記の記載をした貼り紙をした。

(ア) この建物及びその内部の全ての動産は破産管財人が占有している。

(イ) 許可なくこれに侵入し，又は動産等の持ち出しをした者は罰せられることがある。

従業員寮にいた従業員らは退去させた。

② 申立代理人から手持現金及び会計帳簿，預金通帳等の重要

第1章 法人の破産手続の概要（モデルストーリー）

書類の引渡しを受けた。
③ 青森社長・従業員等から事情聴取するなどして，破産に至る事情，財産負債の状況等のさらなる把握に努めた（破83条，40条）。

　破産者の財産であって，破産手続において破産管財人にその管理及び処分をする権利が専属するものを破産財団といいます（破2条14項）。破産者が破産手続開始の時において有する一切の財産は，日本国内にあるかどうかを問わず，破産財団を構成します（破34条1項）。ただし，個人の場合，例外があります（破34条3項）。
　破産手続開始の決定があった場合には，破産財団に属する財産の管理及び処分をする権利は，破産管財人に専属します（破78条1項）。
⇒第3章第2節第2，第3節，第5章第2節

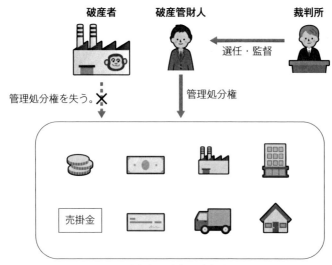

5 破産管財人による換価・回収（売掛金，動産の任意売却）

　破産管財人は以後続けざまに次のような換価・回収作業を精力的に行った。

① 破産者の販売先に対し売掛金の請求書を送付し，破産管財人の口座あてに送金を求めた（破78条1項）。支払をしない先もあったが，電話や面談で説明・説得し，売掛金を回収した。

② 売掛先である有限会社ラビット食堂は，破産後に，破産者の代表取締役会長（社長の父）に売掛金を支払っていたが，すでに破産の公告の後であったため，破産管財人は弁済の効力を主張できないとして（破50条，51条），同社からも回収を行った。

③ 事務所・工場にあった動産類を裁判所の許可（破78条2項7号）を受けて，古道具屋等に任意売却した。

④ 破産管財人は郵便物転送の嘱託（破81条1項）により送られてくる郵便物全てに目を通し，把握していない財産がないかどうか確認した（破82条）。

(1) 破産手続開始後の破産財団に関する管理処分権は破産管財人に専属しますから（破78条1項），これに反する行為（たとえば破産者自身による処分行為）や破産者に対する弁済の効力は制限されます（破47条～51条）。
⇒第4章第5節

(2) 破産管財人が権限を行使するのに，裁判所の許可が必要な場合があります（破78条2項～4項）。その場合，許可を得ないでした行為は原則無効となります（破78条5項）。
⇒第5章第2節第2

9

第1章　法人の破産手続の概要（モデルストーリー）

6　破産管財人による破産財団の整理（取戻権，破産管財人の第三者性）

　タイガー中古車販売株式会社は，平成28年3月，破産者が使用していたトラック2台をそれぞれ代金50万円で買い取り，代金も支払った。これに伴い，1台は自動車登録[3]の所有名義を変更したが，もう1台については，その所有名義がモンキー食品にそのトラックを販売したディーラーの名義のままとなっていたため手間取り，破産手続開始時点で，自動車登録の所有名義がタイガー中古車販売に変更されていなかった。

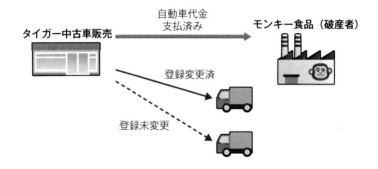

　トラック2台の引渡しは4月末に行うことになっていたが，申立代理人鹿児島弁護士の指導により，モンキー食品は事務所・工場を閉鎖していたため，破産手続開始時点において，このトラック2台はモンキー食品が所持していた。
　タイガー中古車販売は，破産管財人にトラック2台の引渡しを求めた。破産管財人は，自動車登録上の所有名義がタイガー中古車販売になっている1台については，取戻権（破62条）があるものとしてタイガー中古車販売に引き渡した。しかし，もう1台については，所有権移転に関する自動車登録が未了のため所有権移転を破産財団に主張できないとして引渡しをせず，裁判所の許可を受けて，

---

[3] 道路運送車両法5条1項「登録を受けた自動車の所有権の得喪は，登録を受けなければ，第三者に対抗することができない」

> 自ら別の中古車販売会社に48万円で売却した（破78条2項7号）。

　破産管財人が破産者から占有を引き継いだ財産であっても，破産者に属しない財産については，権利者はこれを破産財団から取り戻すことができます。この権利を「取戻権」といいます（破62条）。

　判例は，破産管財人は物権変動（民177条，178条）において差押債権者と同視され「第三者」に当たるとしています。したがって，自動車登録を経ていないトラックについてタイガー中古車販売は所有権取得を破産管財人に対抗できないことになります。

　⇒第4章第4節，第6節

7　破産管財人による換価・回収（双方未履行双務契約の解除）

> 　破産者は，平成28年3月に工場の改修工事を代金3000万円でバード工務店株式会社に発注し，前渡金として200万円を支払っていたが，開始決定時においてバード工務店は改修工事への着手の準備中であった。そこで，破産管財人は，この工事契約を解除し（民642条1項），原状回復として前渡金の返還を受けた（民545条）。バード工務店は契約解除によって準備に要した労力分の損害が生じた旨主張したが，破産管財人はこの損害については破産債権として届け出るよう促した（現民642条2項，改民642条3項）。

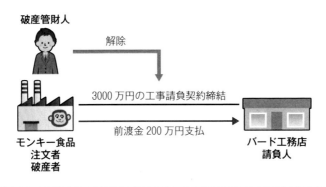

第1章　法人の破産手続の概要（モデルストーリー）

　双務契約について破産者及びその相手方が破産手続開始の時において共にまだその履行を完了していないときは，破産管財人は，契約を解除するか，又は破産者の債務を履行して相手方の債務の履行を請求することを選択することができます（破53条1項）。破産管財人が契約を解除した場合，次のように契約関係が処理されます。

①　相手方はそれにより生じた損害について破産債権者として債権届出をすることができます（破54条1項）。

②　破産者が受けた反対給付が破産財団中に現存するときは，相手方はその返還を請求することができ，現存しないときは財団債権者としてその価額の償還を請求できます（破54条2項）。

③　破産管財人は原状回復を求めることができます（民545条）。

　請負契約の注文者が破産した場合には，民法に特則があります。破産管財人のほか，請負人も請負契約を解除することができます（民642条）。

　⇒第4章第7節第1，第4

8　破産管財人による換価・回収（売掛金の相殺に対する対応）

　破産者の販売先であった有限会社ラットマーケットは，破産者に対し100万円の買掛金があった。同社は，破産者の仕入先である株式会社カウ食材から破産者に対する売掛金100万円の譲渡を受けたので，これと破産者に対する買掛金を相殺する旨通知を送ってきていた（破67条1項）。ラットマーケットの岡山社長とカウ食材の広島社長は旧知の間柄であり，4月27日に破産者の申立代理人からの通知によりモンキー食品の破産申立てを知り，カウ食材の損失を防ぐために開始決定前に代金100万円で破産者に対する売掛金100万円につき債権譲渡を行ったものであった。

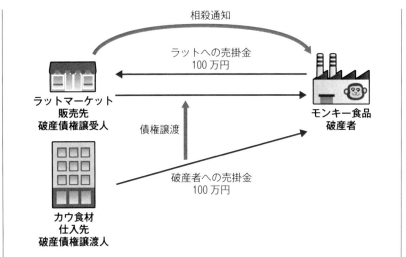

しかし，破産管財人は，ラットマーケットに対し，この相殺は破産法72条1項4号により禁止されていることを説明・説得し，同社に対する売掛金100万円を回収した。

　破産債権者は，破産手続開始の時において破産者に対して債務を負担するときは，相殺をすることができます（破67条1項）。破産債権者に生じている相殺の合理的期待を保護すべきという考え方です。

　しかし，破産債権者が破産手続開始後又は危機時期[4]に債務を負担したことにより（破71条1項），又は破産債権が破産手続開始後又は危機時期に取得されたことにより（破72条1項），相殺適状となった場合，一定の要件の下相殺は禁止されます。

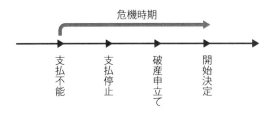

（注）支払不能，支払停止，破産申立ての順序は事案によって異なる可能性がある。

---

[4] 危機時期とは，支払不能，支払停止又は破産手続開始の申立ての後の時期を意味するものとする。

第1章　法人の破産手続の概要(モデルストーリー)

⇒第4章第8節

9　別除権の行使

> 破産者は従業員寮を所有しており，これにはホース信用組合からの借入金1億円を被担保債権として抵当権が設定されていた。破産管財人は，ホース信用組合に任意売却の打診をしたが，同信用組合は難色を示し，競売の申立てをした(民執第3章)。
> 　破産管財人は，このまま従業員寮を破産財団に帰属させておくと，破産財団に対し固定資産税が課されるため，裁判所の許可を得て，従業員寮は破産財団から放棄した(破78条2項12号)。

　破産手続開始時において，破産財団に属する財産につき担保権を有する者は，「別除権者」として，破産手続によらないでその権利を行使することができます(破2条9項・10項，65条1項)。したがって，抵当権者は担保権の実行としての競売等(民執180条以下)を実行することができます。たとえ担保目的物の時価が被担保債権額を下回っていても，被担保債権全額の弁済を受けるまで，担保権を抹消する義務はありません(不可分性　民372条，296条)。

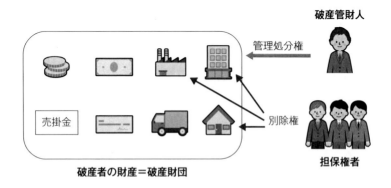

　別除権者は，担保権によって担保される債権については，その別除権の行使によって弁済を受けることができない債権の額(別除権不足額)

についてのみ，破産債権者としてその権利を行使することができます（破108条1項）。つまり，別除権者は，別除権不足額に対してしか破産配当を受け取ることができません。

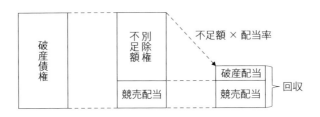

⇒第4章第3節第1

10 破産管財人による換価・回収（担保付き不動産の任意売却）

> 破産者の工場不動産は破産者の所有であり，時価1億円程度であった。これには次の担保権が設定され，登記も経ていた。
> 　第1順位　ドッグ銀行の根抵当権（極度額5億円，債権残高4億円）
> 　第2順位　ボア信用金庫の抵当権（債権残高1億円）
> 　工場不動産について1億円での購入希望者がいたため，破産管財人はこれを任意売却すべく，ドッグ銀行及びボア信用金庫と協議し，以下の点につき同意を得た。
> 　a　工場不動産を1億円で売却すること
> 　b　ボア信用金庫に30万円のハンコ代を支払って抵当権の抹消を受けること
> 　c　破産財団に500万円の組入れ（破186条1項1号）をすること
> 　d　代金からbのハンコ代30万円，cの組入金500万円のほか，諸費用及び消費税合計400万円を控除した9070万円をドッグ銀行に支払って根抵当権の抹消を受けること
> 　破産管財人はこうして工場不動産を裁判所の許可を受けて任意売却し（破78条2項1号・14号），破産財団への組入金500万円を取得した。ドッグ銀行は，競売手続は時間がかかるし，競落価格が

15

第1章　法人の破産手続の概要（モデルストーリー）

> 低い可能性があることから，上記任意売却に応じたものである。また，破産管財人は，ボア信用金庫に対しては，もし応じてもらえないなら担保権消滅許可の申立て（破186条）をすると説得し，ボア信用金庫はその場合は1円も回収できないことになるので，任意売却に応じたものである。

　担保権が設定された不動産について，破産管財人は担保権者の同意を得て任意売却することがあります。この場合，代金の一部を破産財団に組み入れてもらい破産配当の原資とすることを交渉することが通常です。

　任意売却を促す制度として，担保権消滅許可の申立て（破186条）の制度があります。この制度は法人，個人を問わず利用可能です。もっとも，この申立てがあっても，担保権者は担保権の実行の申立てや買受けの申出ができるので，必ずしも破産管財人の申出による任意売却を強制されません。つまり，この制度は，破産管財人と担保権者との任意売却に関する合意を促すことを企図する制度です。

　⇒第4章第3節第1の2（2）

11　破産管財人による換価・回収（否認）

> 　青森社長は，平成28年3月末の支払資金が不足した際，旧知の友人・秋田氏から，何があっても最優先に返済することを条件に，500万円を借りていたが，4月25日（事業廃止の日）に鹿児島弁護士に黙ってこの分をモンキー食品の手持資金からより分け，その日の夜に秋田氏に事情を話して返済した。
>
> 　この事実を知った破産管財人は，この返済を破産法162条1項1号により否認するとして，秋田氏に返還を求めた。破産管財人は，モンキー食品は4月25日午後には破産申立て予定の掲示をしたことで支払の停止に至っており，金融機関との取引約定によれば支払停止により金融機関に対する債務が期限の利益を失った

16

ため，支払不能となっていたと主張した。しかし，秋田氏が返還に応じなかったため，破産管財人は，同人を相手方として，破産裁判所（江戸地方裁判所　破173条2項）に否認の請求（破174条）を行った。この手続で否認の請求が認められたため，秋田氏は観念し500万円を破産管財人に返還した。

破産債権者が適正な補償を受けるには破産財団が確保される必要がありますが，破産手続開始前であっても，債務者がいたずらに財産を減少させたり，危機時期において一部の債権者による抜け駆け的な債権回収に手を貸したりしたことを放置すれば，破産手続を開始しても実効性が期待できません。そこで，破産管財人に，これらの行為を失効させ，逸出した財産を破産財団に回復させる権限が認められています。これが「否認権」です。民法の詐害行為取消権に類似しています。

否認権の対象となる主な行為は，無償譲渡や廉価売買などの財産減少行為（詐害行為　破160条，161条）と危機時期に一部の債権者にのみ弁済や担保の供与をする行為（偏頗行為（へんぱこうい）破162条）です。否認権の行使により，破産財団を原状に復することになります（破167条1項）。

⇒第4章第9節

12　第1回財産状況報告集会・一般調査期日

平成28年8月10日，裁判所の債権者集会場において，第1回の財産状況報告集会及び一般調査期日（破112条）が開かれた。

財産状況報告集会においては，三重判事の指揮の下（破137条），破産管財人が出席した債権者に対し，あらかじめ作成した収支計算書，財産目録及び貸借対照表（破153条）を配布し，破産手続開始に至った事情，破産者の財産負債の状況，換価・回収作業の状況，配当の見込み等を説明した。

破産者の財産状況を破産債権者等に報告するために，債権者集会が

第1章　法人の破産手続の概要（モデルストーリー）

招集されます。これを「財産状況報告集会」といいます（破31条1項2号）。

　破産管財人は，破産財団に属する一切の財産につき，破産手続開始の時における価額を評定し，これに基づき，財産目録及び貸借対照表を作成し，また，破産手続開始に至った事情等を記載した報告書を作成し，裁判所に提出します（破153条，157条）。財産報告集会では，裁判所の指揮の下（破137条），破産管財人が通常はこれらの要旨を報告します（破158条）。

　⇒第3章第2節第4，第5章第2節第1の3，4

13　破産債権の行使及びその届出・調査・確定

(1)　財産状況報告集会に引き続き，一般調査期日が開かれた。

(2)　届出債権者の中に，スネーク製粉株式会社があった。同社は，破産者に対し，小麦粉等を納入しており，代金は月末締めで翌月末に支払うこととなっていた。そのため，平成28年3月分の代金300万円（支払期限4月末），4月途中までの代金200万円（支払期限5月末）が未払だった。また，破産者のために仕入れた材料100万円分が無駄になってしまった。そこで，スネーク製粉は，一般調査期日に先立ち，債権届出期間（破31条1項1号）の末日までに下記債権を届け出ていた。

　　①　小麦粉等代金　　500万円

　　②　遅延損害金　　　300万円について平成28年5月1日から，200万円につき平成28年5月6日（開始決定日）（破103条3項）からの遅延損害金

　　③　損害賠償金　　　100万円

(3)　一般調査期日においては，破産管財人は，スネーク製粉の届出債権を次のとおり認否した（破121条1項）。

　　①　小麦粉等代金500万円は認める。

　　②　遅延損害金は認めるが，開始決定日以降の分は劣後的破産債権（破99条1項1号，97条2号）として認める。

18

③ 損害賠償金100万円については認めない。

　出席債権者の誰からも他の届け出られた破産債権について異議は述べられなかった（破121条2項）。これらにより，小麦粉等代金債権及びこれに対する遅延損害金は確定したが（破124条1項），損害賠償金は確定しなかった。

(4)　スネーク製粉は納得がいかず，8月30日に破産管財人を相手方として，裁判所（三重判事）に対し，損害賠償金について査定決定の申立てをした（破125条）。審尋が行われたが（破125条4項），損害賠償債権は0である旨の破産債権査定決定がなされた（破125条3項）。そこで，スネーク製粉は，さらに，江戸地方裁判所に対し破産債権査定決定に対する異議の訴えを提起した（破126条）。しかし，訴えは棄却され，スネーク製粉が控訴しなかったので，損害賠償債権は0であると確定した。

(1)　破産者に対し破産手続開始前の原因に基づいて生じた財産上の請求権であって，財団債権（後出15参照）に該当しないものを「破産債権」といいます（破2条5項）。破産債権には，一般的な破産債権のほか，優先的破産債権（破98条）と劣後的破産債権（破99条）があります。

　優先的破産債権とは，破産財団に属する財産について一般の先取特権その他一般の優先権がある破産債権であり，他の破産債権に優先して弁済を受けられます（破98条1項，194条）。労働債権（民306条2号，308条）や租税債権（国税徴収法8条）のうち財団債権（破148条1項3号・2号）以外のものがこれに当たります。

　劣後的破産債権とは，優先的破産債権（破98条）及び一般的な破産債権に劣後して配当を受けることのできる破産債権の総称（破99条1項）であり，破産手続開始後の利息の請求権（破97条1号），破産手続開始後の不履行による損害賠償及び違約金の請求権（同条2号）などがこれに当たります。

⇒第4章第1節第3

(2) 破産手続開始決定があった場合には，破産債権は破産手続によらなければ行使できません（破100条）。破産債権者が破産手続に参加するには，原則として，債権届出期間内に，届出をしなければなりません（破111条1項）。

債権者が届け出た破産債権は，①破産管財人の認否，及び②破産債権者又は破産者が，届け出られた破産債権に異議がある場合に，異議を申述することによって調査します（破116条1項，2項）。

届け出られた破産債権を破産管財人が認め，他の届出債権者に異議がないときは，その破産債権は確定します（破124条）。
⇒第5章第1節

14 保証人等他に債務者がいる場合

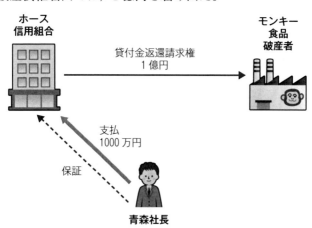

ホース信用組合は貸付金（開始決定時の残高1億円）について青森社長の保証を得ていた。開始決定後破産債権届出期間の最終日までの間に青森社長から保証履行として1000万円の弁済を受けたが，破産債権届出では，1億円を届け出た。

破産管財人は，開始決定時の残高が1億円であるため，ホース信用組合の届出債権の全額を認めた（破104条1項・2項）。

破産者のほかに，保証人，連帯債務者，物上保証人（破104条5項），
主債務者等，破産債権につき履行の義務を負う者がいても，債権者は，
破産手続開始の時において有する債権の全額で破産手続に参加するこ
とができます（開始時現存額主義　破104条1項，破105条）。

他の履行義務者が破産手続開始後に債権者に対して弁済した場合で
も，その債権の全額が消滅した場合を除き，その債権者は，破産手続
開始の時において有する債権の全額についてその権利を行使すること
ができます（破104条2項）。その裏返しとして，保証人等の他の履行義
務者は，破産手続開始後に弁済する場合，その債権の全額が消滅する
まで，権利を行使できません（破104条4項）。

⇒第4章第2節

15　財団債権

> 破産管財人は，破産財団の換価，管理に必要な費用はその都度
> 財団債権として支払ってきていたが（破148条1項2号，151条），財
> 団債権のうち公租公課（破148条1項3号）及び従業員の給料及び退
> 職金（破149条）については，破産財団として回収できる額が明確
> でなかったことから，いまだ支払をしていなかった。第2回の財
> 産状況報告集会の直前である11月15日，破産財団の回収額が明
> 確となり財団債権の全額を支払えることが明らかとなったことか
> ら，財団債権のうち公租公課（破148条1項3号）及び従業員の給料
> 及び退職金のうち給料3か月分相当額（破149条）を全額支払った
> （破151条）。

破産手続によらないで破産財団から随時弁済を受けることができる
債権を「財団債権」といいます（破2条7項）。①破産財団の管理，換
価及び配当に関する費用の請求権（破148条1項2号），②破産手続開始
前の原因に基づいて生じた租税等の請求権であって，破産手続開始当
時，まだ納期限の到来していないもの又は納期限から1年を経過して

第1章　法人の破産手続の概要（モデルストーリー）

いないもの（破148条1項3号），③破産手続開始前3か月間の破産者の使用人の給料（破149条1項）などがこれに当たります。財団債権は，破産債権に先立って，随時弁済を受けることができます（破151条）。

　⇒第4章第1節第4

16　配当

　　11月20日に第2回の財産状況報告集会及び一般調査期日（続行期日）が開かれた。

　　破産管財人は，この日までに全ての換価・回収作業が終了して配当できる資金があり，一般調査期日も終了したので，配当手続に入る旨説明し，その日のうちに，裁判所書記官から最後配当の許可を得た（破195条）。

　　破産管財人は，破産財団の資金から，裁判所の決定を受けた破産管財人報酬（破87条）と配当に要する費用を控除した残額を配当の総額とし，破産法194条の定める順位に従い，配当表を作成し，裁判所に提出した（破196条）。

　　優先的破産債権として届け出られた租税（開始決定時において納期限から1年以上が経過したもの（破148条1項3号参照））については，100％配当，一般の破産債権については，5.4321％配当となった。

　　ホース信用組合の貸金債権については，担保権についての競売が未了であって，別除権不足額（担保権の行使によって弁済を受けることができない債権の額）が証明されていないため，配当表から除外した（破198条3項）。破産管財人は，届出をした破産債権者に対し，最後配当の手続に参加できる債権の総額及び最後配当をすることができる金額を通知したが（破197条），2週間の最後配当に関する除斥期間（198条2項・1項）経過後の1週間内（破200条1項）に配当表に異議を申し立てた者はいなかった。そこで，破産管財人は，最後配当の手続に参加することができる破産債権者に対し配当額を通知し，かつ送金依頼状を送付した。

破産管財人は，配当期日である平成 29 年 1 月 10 日に，送金依頼状を送付してきた者に対し配当金を振り込み送金した。送金依頼状を送付しない者については，供託をした（破202条3号）。

　財団債権を支払ってもなお配当できるだけの破産財団がある場合，破産管財人は配当をします（破193条1項）。配当は法律の定める優先順位に従い，また同一順位の中では，債権額の割合で行います（破194条2項）。

　異議等のある債権につき査定等の手続をしていなかった場合（破198条1項），停止条件付債権の条件が成就していない場合（破198条2項），別除権付き債権の別除権不足額が証明されない場合（破198条3項）など所定の場合，配当から除斥されます。

　⇒第5章第3節

17　破産手続の終了

　　これにて破産管財人の任務が終了したので，1 月 20 日，裁判所において任務終了計算報告集会（破88条3項）が開かれ，破産管財人はあらかじめ裁判所に提出していた計算の報告書（破88条1項）を出席した債権者に説明したが異議は出なかった。出席者はわずか 1 名であった。

　　任務終了計算報告集会が終了したので，裁判所は破産手続終結の決定をし（破220条1項），この旨を公告した（破220条2項）。

　最後配当がなされた後，計算報告のための債権者集会（任務終了計算報告集会）が招集されます（破88条1項・3項）。計算が承認されると，破産管財人は免責されます（破88条6項参照）。

　計算報告の手続が終わると破産手続終結の決定がなされます（破220条）。これによって，破産手続は終了します。

　配当できない場合，破産手続廃止決定をします（破217条）。

　⇒第5章第4節

第2章

個人の破産手続の概要
（モデルストーリー）

第2章　個人の破産手続の概要（モデルストーリー）

　本章では，個人破産のモデルストーリーとして，架空の破産事件の経過を始まりから終わりまでを記載します。これにより，典型的な個人の破産手続の進行や処理方法を示します。

　法人の破産手続と共通の部分の説明は省略しています。

1　岩手氏，多重債務者となる

　　岩手三郎はシープ建設株式会社に勤務する50歳のサラリーマンである。岩手は，10年前にドッグ銀行で4000万円の住宅ローンを組んで，都内に一戸建てのマイホームを手に入れ，ここで妻と子供2人と暮らしている。

　　シープ建設の業績が悪化したため，岩手の給料は下がってしまい，さらには子供2人の成長に伴い教育費がかさんだことから，岩手は，3年前から生活費や住宅ローン返済の不足分を消費者金融等で借りて補うようになった。岩手は一時的な借入れのつもりでいたが，その後も生活費等の不足は解消されず，かえって消費者金融の返済分を別の消費者金融で借りたため，借金は雪だるま式に増えた。現時点での債務は，以下のとおり合計4000万円であり，約定の返済を継続することは不可能である。

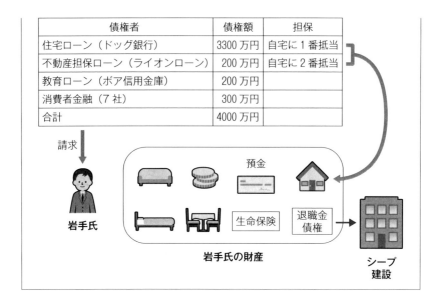

　いわゆるサラ金等の消費者金融からの負債により破産や債務整理等を余儀なくされる個人債務者が増えたことから，現在では，貸金業者に対して，貸金業者からの借入残高が年収の3分の1超となる貸付けの禁止（貸金業法13条の2），利息制限法を超える利息の禁止（同法12条の8第1項）などの規制がされています。また，20％超の利息は，処罰対象とされています（出資の受入れ，預り金及び金利等の取締りに関する法律5条2項＝「グレーゾーン金利」の解消）。

2　弁護士への相談・債務整理開始

> 　岩手の資産といえば，現時点で時価3000万円程度の自宅（1の表のとおり担保が設定されている），生命保険，わずかな現金・預金のほかは家財道具だけである。もっともシープ建設には退職金制度があり，もし今退職すれば400万円の退職金が見込まれた。
> 　岩手は，鹿児島弁護士に取るべき対応について相談をした。その結果，以下の理由から破産・免責手続を取り，生活を立て直すように手続を進めることとなり，岩手はその手続を鹿児島弁護士

に委任した。

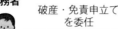

① いわゆる過払金は生じておらず，現状の負債を約定どおり返済することは困難だった。
② 破産・免責の手続を取れば，過去の債務は免れ，破産手続開始決定後に得た給料等は取得できるため，これで生活を立て直せる。
③ 個人再生（民再第13章）であれば自宅が残せるかもしれないが，住宅ローンの後順位に不動産担保ローンの抵当権が付いていて，その処理が難しいし（民再198条1項ただし書），住宅ローンの返済に加え，その余の債務の5分の1（民再231条2項4号）を支払うことは重荷である。
④ この際両親の自宅に同居すればよいから，自宅は処分しても構わない。
⑤ 住宅ローン以外の債務の元本を3年程度で支払うことができれば，任意整理や特定調停も考えられるが，その返済の負担が重い。
⑥ 岩手は破産により失われるような資格を持っていなかった。

鹿児島弁護士は相談後直ちに全債権者に対し「岩手の債務整理を受任したこと」「取立てを控えてほしいこと」などを記載した受任通知と債権調査票用紙を送った。

(1) 個人の破産は主に「経済生活の再生」（破1条）を目的としています。そこで，個人破産の場合には，過去の債務を免れるための免責制度が設けられています。
⇒第6章第1節
(2) 99万円までの現金，家財道具，破産後に得た財産等は破産財団

に含まれず，破産者が保持できます（自由財産）。これにより破産者の生活の立て直しが可能となっています。
⇒第３章第３節第２

(3) 弁護士等が破産申立てを含む個人の債務処理を受任した場合，その旨の通知（受任通知）を債権者に送付するのが通常です。これにより貸金業者等による取立てが制限されます（貸金業法21条1項9号）。

(4) 破産したことにより一定の職種等について資格等の制限が生じます。
⇒第６章第２節

3　破産手続開始及び免責許可の申立て

> 各債権者から返送された債権調査票に基づき，鹿児島弁護士は債権者ごとの正確な債権額を把握し，債権者一覧表を作成した。いわゆる過払金は生じていなかった。負債額は，相談の際，岩手から説明を受けたとおりであり，鹿児島弁護士はやはり破産するのが適切と再認識し，その旨岩手に説明して，申立ての準備に入った。
> 　受任通知送付後，消費者金融のドラゴン金融株式会社が，以前作成していた金銭消費貸借契約公正証書（民執22条5号）を使って，岩手を債務者，勤務先・シープ建設を第三債務者として，岩手の賃金債権に差押え（民執143条）をしてきた。

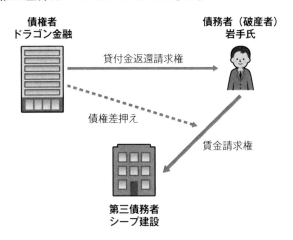

第2章　個人の破産手続の概要（モデルストーリー）

　　これを知った鹿児島弁護士は，直ちに，岩手の代理人として，破産手続開始（破18条）及び免責許可（破248条1項）の申立書，債権者一覧表等の必要書類を用意して，平成28年4月18日，管轄裁判所（破5条1項，248条1項）である江戸地方裁判所に提出した（破20条）。

　　申立てに当たり，鹿児島弁護士は，岩手に預金60万円を引き出させ，これから予納金等の費用に充てる分として21万円を預かり，39万円は生活費として岩手に渡した。

(1)　破産申立て⇒第3章第1節第1

(2)　免責許可申立て⇒第6章第1節

(3)　個人破産の場合，開始決定時に破産者が有する現金は99万円まで自由財産となります。鹿児島弁護士が現金39万円について，破産管財人に引き渡すべく預かるということをせず，岩手に渡したのはそのためです。

　　⇒第3章第3節第2

4　破産手続開始決定

　　開始決定に先立ち，江戸地方裁判所破産担当部の三重判事は，審尋を実施し，鹿児島弁護士から事情を聴いた。三重判事は，提出された書類や審尋の結果から，岩手が支払不能（破15条）の状況にあると認め，申立てが誠実にされたものではないことを窺わせる事情がなかったので，破産手続を開始することとしたが（破30条1項），以下の理由から同時破産手続廃止（同時廃止）（破216条1項）とするのではなく，破産管財人を選任することが適切と考えた。

　　①　自宅の売却額によっては配当できることもあり得ること

　　②　岩手の財産の中に生命保険があり，その解約返戻金が20万円程度あること

30

③ 潜在的な退職金があるものの，すぐにはもらえないこと

④ ドラゴン金融が賃金債権に差押えをしており，この解放の手続をするのに，破産管財人がいる方がスムーズであること

鹿児島弁護士は，裁判所の考えに納得し，破産管財人選任の場合の定められた費用を予納した（破22条）。

三重判事は，直ちに高知弁護士に連絡を取り，破産管財人就任の内諾を得，破産債権届出期間（破31条1項），免責に関する意見申述の期間（破251条）等所定の事項を決めた上で，4月25日に次の措置を取った。

① 破産手続開始決定（破30条）

② 官報公告の依頼（破32条1項，251条2項）

③ 岩手から提出された債権者一覧表（破20条2項，破248条3項の債権者名簿を兼ねる）に記載の債権者に破産手続開始の通知（免責に関する意見申述期間の通知も兼ねる）及び破産債権の届出用紙を郵送。また，財産所持者等に破産手続開始の通知を郵送（破32条3項）。

④ 郵便事業者に対し，破産者あての郵便物を破産管財人である高知弁護士に配達するよう嘱託（破81条）。

⑤ 裁判所書記官が登記所に対し，自宅不動産への破産手続開始の登記を嘱託（破258条）[1]。

---

1 実務的には嘱託を留保している運用がある（注釈（下）732頁）。

第2章　個人の破産手続の概要（モデルストーリー）

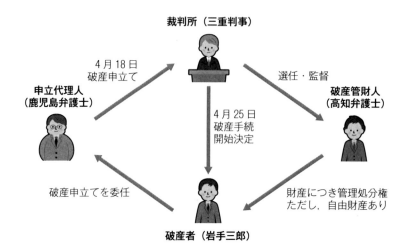

(1) 破産手続開始時の手続，破産手続開始の効果
　⇒第3章第1節第2，第3
(2) 破産手続開始時に，破産財団をもって破産手続の費用を支弁するのに不足する（＝配当できない）と認めるときは，破産手続廃止の決定をすることになっています（破216条1項）。これを同時破産手続廃止又は同時廃止と呼んでいます。同時廃止では破産手続開始決定と同時に事件が終了し，破産管財人が選任されないため，予納金も低額です。他方，破産管財人が選任されないため，免責についての調査（破250条参照）が十分なされない可能性が指摘されています。
　⇒第5章第4節

5　破産管財人の破産財団の管理，事情聴取等の初動

　破産管財人に選任された高知弁護士は，開始決定の日以後直ちに破産財団（破34条）の管理等，下記の活動を行った（破79条）。
　① 岩手（破産者）の自宅に赴き，状況を確認し，引越しの予定を確認した。
　② 破産者の自宅で家財道具を確認したが，華美なものは見当

たらなかったので，破産者の管理に任せた。

③　申立代理人から生命保険証書の引渡しを受けた。

④　シープ建設に，ドラゴン金融の差押えは失効したので（破42条2項），同社に支払をしないよう電話連絡するとともに，執行裁判所に対し執行を取り消してもらう手続を取った。

(1)　破産者が破産手続開始の時において有する一切の財産は原則破産財団を構成し（破34条1項），破産管財人が管理処分権を専有しますが（破78条1項），破産者が個人の場合，99万円までの現金や家財道具は自由財産として破産財団から除外されます（破34条3項）。

⇒第3章第3節

(2)　破産手続開始決定があると，破産財団に対する強制執行で，破産債権に基づくものは失効します（破42条2項）。

⇒第3章第1節第3

6　自由財産拡張の裁判

岩手の妻が病気がちであることや子供たちに臨時の教育費が発生したことから，開始決定後も岩手の生活は苦しかった。そのため，できれば生命保険の解約返戻金を生活費に充てさせてほしかった。また，退職金債権の評価額（1/8）を破産管財人に渡すことは困難だった。そこで，鹿児島弁護士は，破産管財人とも協議の上，裁判所に対し，生命保険の解約返戻金と退職金債権を破産財団に属しない財産とすることを求める申立てをした。三重判事はこれを認める決定をした。

柔軟に破産者の生活保障を図ることを目的として，裁判所の決定で自由財産の範囲を拡張する制度です（破34条4項）。

⇒第3章第3節第3

第2章　個人の破産手続の概要（モデルストーリー）

7　第1回財産状況報告集会・一般調査期日・免責審尋期日

　　平成 28 年 6 月 27 日，裁判所の債権者集会場において，第 1 回の財産状況報告集会，破産手続廃止に関する意見聴取集会（破 217条 1 項），一般調査期日（破 121 条，112 条），破産管財人の任務終了による計算報告集会（破 88 条 3 項）及び免責審尋期日が合わせて開かれた。

　　三重判事の指揮の下（破 137 条），破産管財人が出席した債権者に対し，あらかじめ作成した財産目録（破 153 条）及び収支計算書を配布し，破産手続開始に至った事情，破産者の財産負債の状況，自由財産の拡張が認められたこと，自宅不動産は買受人が見つからず，担保余剰が出る見込みもないので破産財団から放棄すること，破産財団としては予納金があるのみで，配当するに足りる破産財団がないこと等を説明し，破産手続廃止（異時廃止）を求めた（破 217 条 1 項）。

　　また，破産管財人は，届け出られた破産債権を調査しており，これに基づき債権の認否をした（破 116 条 2 項，121 条 1 項）。出席債権者の誰からも他の届け出られた破産債権について異議は述べられなかった（破 121 条 2 項）。破産者から異議の申述もなかった（破121 条 4 項　債権の確定とは関係がない）。これらにより，全ての届出破産債権は確定した。

　　裁判所は，以上を踏まえ，破産管財人報酬として破産財団にある資金全額を充てる決定をし（破 87 条），破産手続廃止及び計算の報告について出席した債権者に意見がないことを確認の上，破産手続廃止決定（破 217 条）を行った。

(1)　財産状況報告集会⇒第 3 章第 2 節第 4
(2)　破産債権の調査⇒第 5 章第 1 節第 2
(3)　破産手続開始の決定があった後，破産財団をもって破産手続の費用を支弁するのに不足すると認めるとき（＝配当できないとき）は，破

産手続廃止（異時廃止）となります（破217条1項）。

⇒第5章第4節

8 免責許可

> 　引き続き免責審尋期日が行われた。破産管財人は，あらかじめ免責不許可事由の存否等に関する調査結果を裁判所に書面で提出していたが，これに基づき，①破産者に浪費があり，免責不許可事由がある旨（破252条1項4号），②浪費の程度は深刻ではなく，破産手続にも協力し，生活態度も改善していることから，免責を許可することが相当である旨それぞれ説明した。
>
> 　出席していたドラゴン金融は，「破産法は悪法であり，免責は許せない」と意見を述べたが，その他の出席債権者から意見はなく，書面による意見申述もなかった。
>
> 　裁判所は以上を踏まえ，2週間後に免責許可決定をした。

破産者について免責不許可事由（破252条1項1号〜11号）のいずれにも該当しない場合には，裁判所は，免責許可の決定をします（破252条1項）。免責不許可事由が認められる場合であっても，裁判所は，破産手続開始の決定に至った経緯やその他の一切の事情を考慮して，相当と認めるときは免責を許可することができます（裁量免責）（破252条2項）。

⇒第6章第1節

9 免責の効力

> 　免責許可決定は確定した。
>
> 　ドラゴン金融は，岩手に直接連絡を取り，「債務を任意に支払うことは認められているから任意に返済せよ」と求めた。岩手からこのことを聞いた鹿児島弁護士は，ドラゴン金融に対し，貸金

第2章　個人の破産手続の概要（モデルストーリー）

業法に反する行為として厳重に抗議した。ドラゴン金融は，岩手の借入れは返済できないことを知った上で借りたものであって詐欺であるから，「破産者が悪意で加えた不法行為に基づく損害賠償請求権」（破253条1項2号）であり，これは免責されていないと主張したが，鹿児島弁護士は証拠に基づかない主張としてこれをはねつけた。ドラゴン金融はあきらめざるを得なかった。

　免責許可決定が確定したときは，破産者は，その破産手続による配当を除き，破産債権についてその責任を免れます。ただし，衡平の観点や政策的理由から，「破産者が悪意で加えた不法行為に基づく損害賠償請求権」（破253条1項2号）など一定の債権については免責の対象から外されています（破253条1項）。
　⇒第6章第1節第4

第**3**章

破産手続の
開始と手続の機関

第3章　破産手続の開始と手続の機関

第1節　破産手続の開始

第1　破産手続開始の申立て

　破産手続は申立てにより始まります（破15条）[1,2]。申立ては，破産能力のある債務者について，申立権者が，管轄裁判所に対し行う必要があります。破産手続が開始されるには，債務者に破産原因があることが必要です。

1　破産事件の管轄

　破産手続を扱う裁判所の管轄は全て専属であり（破6条），以下のように定まります。

(1)　国際管轄（破4条1項）

　我が国の裁判所に，破産法による破産手続の管轄が認められるのは，債務者が個人である場合，日本国内に営業所，住所，居所又は財産を有するときであり，債務者が法人その他の社団又は財団である場合には，日本国内に営業所，事務所又は財産を有するときです。外国人であっても同様です（破3条）。

1　破産申立代理人は，委任を受けた後，申立て・破産手続開始決定までの間，破産者の財産の散逸を防止する義務を負うとして，それに違反したことを理由に破産申立代理人に損害賠償義務を課した裁判例が散見される（東京地判平26・8・22判時2242号96頁等）。
2　実務では，事業停止による混乱や破産手続開始までの間に国税滞納処分（後記第3参照）等の回収行為がなされることを防ぐため，事業停止とほぼ同時に破産申立てをし，短時間のうちに破産手続開始決定を受けるというような手法もしばしば用いられる。

第1節　破産手続の開始

(2)　**土地管轄**

　国内のどの裁判所が管轄するかは，以下のとおり定まります。

ア　原則（破5条1項）

　債務者が営業者であるとき[3]は，主たる営業所の所在地を管轄する地方裁判所が，営業者でないとき又は営業者であっても営業所を有しないときは，その普通裁判籍[4]の所在地を管轄する地方裁判所が管轄します[5]。

イ　原則以外の管轄（破5条3項以下）

　アのほか，次のとおり競合的に管轄が認められます。

(ア)　関連する債務者の特則

　次の者の一方の破産が係属している地方裁判所には，他方の管轄も認められます。経済的に密接な関係に立つ複数の債務者について同一の裁判所で処理することにより，効率的な処理を可能とするものです。

①　親会社と子会社（破5条3項・4項）

②　連結計算書類を作成している株式会社と連結グループ内の法人（破5条5項）

③　法人と代表者（破5条6項）

④　相互に連帯債務者の関係にある個人（破5条7項1号）

⑤　相互に主たる債務者と保証人の関係にある個人（破5条7項2号）

⑥　夫婦（破5条7項3号）

(イ)　大規模事件の特則

　大規模な破産事件について，破産事件を専門的・集中的に処理する体制の整っている裁判所で処理することを可能とするため，以下

3　債務者が営業者であっても，外国に主たる営業所を有するものであるときは，日本における主たる営業所の所在地を管轄する地方裁判所の管轄となる（破5条1項）。
4　民事訴訟法上，事件の種類，内容にかかわらず一般的に定められる裁判籍のこと。個人の場合は，原則，住所。法人の場合は，原則，主たる事務所又は営業所（民訴4条）。
5　これらによる管轄裁判所がないときは，債務者の財産の所在地（債権については，裁判上の請求をすることができる地）を管轄する地方裁判所の管轄となる（破5条2項）。

39

第3章　破産手続の開始と手続の機関

のとおり管轄が認められています。

① 破産債権者の数（見込み）が500人以上であるときは，前記ア
で定まる管轄裁判所の所在地を管轄する高等裁判所所在地の地
方裁判所（破5条8項）。

② 破産債権者の数（見込み）が1000人以上であるときは東京地
方裁判所又は大阪地方裁判所（破5条9項）。

(3) 移送

裁判所は，著しい損害又は遅滞を避けるため必要があると認めると
きは，職権で，破産事件（免責事件を含む）を他の裁判所に移送するこ
とができます（破7条）。

(4) 具体例

たとえば，A株式会社（本店所在地：岩手県盛岡市）が支払不能の状況に
あり，A社の金融債務の全てを連帯保証している代表取締役B（住所：
秋田県秋田市）もまた支払不能の状況にあるという事案を想定してみます。

この場合，破産事件の管轄は，原則的には，以下のとおりとなります。

A社：盛岡地方裁判所

B　　：秋田地方裁判所

しかし，A社が盛岡地裁に申し立てた上で，Bも盛岡地裁に申し立
てることも，逆にBが秋田地裁に申し立てた上で，Aも秋田地裁に
申し立てることもできます。双方が同時に，盛岡地裁又は秋田地裁の
いずれか一方に申し立てることも可能です。

仮にA社の債権者が500人以上であれば，A社は仙台地裁に申し
立てることもできます。債権者1000人以上であれば，東京地裁に申
し立てることも可能です。これらの場合，Bも同じ裁判所に申し立て
ることができます。

また，仮にABの財産も債権者も大半が盛岡市近辺に所在している
のに，ABのいずれも秋田地裁に申し立てたとした場合，申立てを受
けた裁判所は，「著しい損害又は遅滞」があるとして盛岡地裁に移送

40

第1節　破産手続の開始

決定をすることも考えられます。

2　破産能力

　破産手続開始決定を受けるには，その者に破産能力があることが必要です。破産能力とは，破産手続開始決定を受ける資格を意味します。破産法には破産能力に関する規定はなく，原則的に，外国人（破3条）や法人格なき社団・財団（破13条，民訴29条）を含め，全ての自然人及び法人に破産能力が認められます。

　ただし，明文の規定はありませんが，国や地方公共団体については，破産により統治機能を麻痺させ，財産管理機能に制約を加えることは許されず，また法人格の消滅が認められるものではないので，破産能力は認められません。大決昭12・10・23民集16巻1544頁（百選3事件）は，現行地方自治法294条の財産区の破産能力が問題となった事案において，財産区は，法人格を有し，私法上の権利能力を享有して私法関係の当事者となり得るが，その性質上これを解散して一般的清算手続をこれに対して許容すべきものではないとして，破産能力を認めませんでした。

3　破産手続開始の原因

　破産手続は，債務者に破産原因があるときに開始されます（破15条）。
　破産原因には，支払不能（破15条）又は法人の場合の債務超過（破16条）の2種類があります。

(1)　支払不能
ア　支払不能の意義
　支払不能とは，債務者が，支払能力を欠くために，その債務のうち弁済期にあるものにつき，一般的かつ継続的に弁済することができない状態（破2条11項）をいいます。典型的には，債務者の債務の大半に

41

第3章　破産手続の開始と手続の機関

ついて弁済期が到来しているにもかかわらず，支払資金がなく，その後も支払の見込みが立たない状態です。

　㈠　債務に見合う資産があったとしても，換価が困難なものであれば支払不能が認められます。

　㈡　財産負債の状況だけでなく，将来の収入や信用も斟酌されます。

　たとえば，東京高決昭33・7・5金法182号3頁（百選4事件）は，次のような状況の個人債務者に対し債権者が破産を申し立てた事案について，個人の弁済能力は現在の財産状態のほか，信用及び労働による将来の収入によって成り立っているとした上で，当該債務者については信用及び労働による将来の収入を考慮に入れても，支払不能の状態にあると判示しています。

東京高決昭33・7・5における債務者の状況（現在と物価水準が異なる）
- 債権者らに対する負債総額は620万円程度。
- 所有する財産は家具，什器，書籍，書画，骨董等で，その価額は56万円程度。
- 顧問料等による収入が月額10万円程度ある。
- 日本興業銀行の総裁，大蔵大臣等の要職を歴任し大学で教鞭を取ったこともある名士だが，昭電事件以来信用を失墜し，昭和27，8年頃から1000万円以上の多額の債務を負担しながら金融意のごとくならず，現在においては信用による支払能力は取り立てて論ずるほどのものではない。

　㈢　近い将来弁済期が到来し債務の履行ができないことが確実であっても，弁済期が到来していない場合，支払不能とはいえないのかについては見解が分かれています。偏頗行為否認（破162条）の要件としての支払不能が問題になった事案において，債務者が弁済期の到来している債務を現在支払っている場合であっても，債務者が無理算段をしているような場合，客観的に見れば支払能力を欠くとして，支払不能と認定した裁判例もあります[6]（第4章

42

第9節第1の3(2)参照）。

㈍　支払不能は，破産原因であると同時に，否認や相殺禁止の要件でもあります。実務上，支払不能か否かが争点となるのは，否認や相殺禁止の要件としてか，債権者申立ての場合です。

イ　推定規定[7]＝支払停止

　債務者が支払を停止したときは，支払不能にあるものと推定されます（破15条2項）。支払停止とは，「債務者が資力欠乏のため債務の支払をすることができないと考えてその旨を明示的又は黙示的に外部に表示する行為」をいいます（第4章第9節第1の3(3)参照）。たとえば，2回目の不渡りによる銀行取引停止処分[8]，営業廃止の貼り紙，債権者説明会での営業廃止宣言，夜逃げなどがこれに当たります。債務整理開始通知[9]も通常は支払停止に該当します[10]。

　支払不能は外部的事実ではないので，債権者申立ての場合などには，その立証は容易ではありません。そこで，債務者がそのような窮状を外部に表示するのであれば，支払不能に陥っている可能性が高いことを踏まえ，外部的事実である支払停止でもって支払不能を推定せしめることとして，支払不能の証明を容易にしたものです。

　支払停止というには，破産手続開始までその状態が持続していなければならないという見解もありますが，支払停止は破産手続開始前の

6　高松高判平26・5・23判時2275号49頁，広島高判平29・3・15金判1516号31頁

7　他にも，外国で破産相当の手続がされている場合，破産手続開始の原因となる事実があるものと推定される（破17条）。

8　経営不振に陥り債務超過となった会社が，1回目の手形不渡を出したときは，資金の手当てを失念したというような特段の事情がない限り，支払停止に該当するとする裁判例もある（東京地判平6・9・26金法1426号94頁）。

9　債権者一般に宛てて代理人弁護士から「当職は，この度，後記債務者から依頼を受け，同人の債務整理の任に当たることになりました。今後，債務者や家族，保証人への連絡や取立行為は中止願います。」などと通知する場合。

10　最判平24・10・19判時2169号9頁は，注9のような記載があれば，破産予定が明示されていなくても，債務整理開始通知は支払停止に当たるとする。ただし，その補足意見は，一定規模以上の企業に関する再建型私的整理開始の通知において，合理的で実現可能性が高く，金融機関等との間で合意に達する蓋然性が高い再建計画が策定，提示されて，これに基づく弁済が予定されている場合は，支払停止とならない可能性を示している。

第3章　破産手続の開始と手続の機関

一時点における債務者の行為であり，持続性を持ったものである必要性はありません[11]。しかし，あくまで「推定」ですから，支払停止に該当する事実があっても，一般的な支払能力があることを証明すれば，支払不能とはならないと考えられます。たとえば，福岡高決昭52・10・12判タ362号336頁（百選6事件）は，①債務者振出の巨額の手形の不渡処分又は銀行取引停止処分をもって一旦支払停止が生じたと認定しつつ，②その後に若干の債権者に対し一時的，散発的に多少の支払がなされたとしても，支払停止の状態を解消したものとはいい難いなどと判示していますが，①の事実をもって支払停止と認定し，②の事実は，支払不能の推定を覆す事実か否かという観点から検討すべきものと思われます。

(2)　法人の場合の債務超過（破16条1項）

　債務超過とは，債務者が，その債務につき，その財産をもって完済することができない状態（破16条1項），言い換えれば債務総額が資産総額を上回っている状態をいいます。債務超過の事実を確定するに際しては，その法人の財産をもって債務を完済することができるか否かを判断すれば足り，代表者個人による保証ないし担保提供の事実まで斟酌しません（東京高決昭56・9・7判時1021号110頁（百選7事件））。資産の評価については，清算価値を基準とすべきとする見解，継続事業価値を基準とすべきとする見解がありますが，事業継続中であれば債務の弁済は事業収益からなされるのですから，継続事業価値を基準とすべきであり，事業活動停止後であれば，弁済は資産の換価・回収によりなされるのですから，清算価値を基準とすべきでしょう[12]。

　存立中の合名会社及び合資会社にはこの規定は適用されません（破16条2項）。これらの会社は無限責任社員の人的信用が会社の弁済能力を構成しているからです。

11　伊藤119頁
12　伊藤124頁

4　破産の申立権者

　破産の申立てをなし得る者（申立権者）は，債務者，債権者（破18条）及び法人の理事，取締役，清算人等（破19条）です。

⑴　債務者による申立て

　債務者自身による申立て（自己破産）の場合，破産原因の疎明は不要です。債務者自身が申し立てたという事実自体から，破産原因の存在を事実上推定できますし，濫用のおそれも少ないからです。

　法人の場合，債務者自身による申立てといえるのは，当該法人において破産申立てを決定するための所要の手続を履践した上で代表者が申し立てる場合です。取締役会設置会社であれば，取締役会で多数決により破産申立ての決議をし，これに基づき代表取締役が当該会社の破産の申立てをする場合です。このような手続を踏んでいない場合は，代表者による申立てであっても，後述（3）の法人の理事，取締役，清算人等（破19条）による申立て（準自己破産）ということになります。

⑵　債権者による申立て

　債権者申立ての場合，債権の存在及び破産手続開始の原因となる事実の疎明が必要です（破18条2項）。自己の債権の取立てを目的とするなど，濫用的な申立てを排除する趣旨です。

　債権の存在及び破産手続開始の原因となる事実が問題となった事案として，東京地決平3・10・29判時1402号32頁（百選5事件）があり，以下のような事案です。

> 　ゴルフ場を傘下に有する会社が，会員募集数を1830人とする虚偽の表示をした上で，5万人程度に1口200万円前後で会員権を販売した。これに対し，事実を知った会員権購入者が不法行為に基づく損害賠償請求権があるとして破産を申し立てた。

第3章　破産手続の開始と手続の機関

　上記東京地決は，この事案について，自ら債権の存在及び破産手続開始の原因となる事実を認定し，破産手続開始決定をしています。

　破18条2項の条文上は「疎明」とされていますが，破産手続が債務者その他の関係者に重大な影響を及ぼすことから，破産原因事実については証明[13]を必要とするという見解が有力です。これに対し，申立人の債権の存在については，①当該債権の存否が訴訟によらずして開始決定によって確定されるべきではないこと，②破産原因の存在が証明されていれば破産手続を開始する相当性は認められることから，条文どおり疎明で足りるものと考えます。

　破18条2項の「債権」には，期限付債権，条件付債権，優先的破産債権，別除権付債権も含まれます。債権者の債権者が債権者代位権の行使として破産申立てをすることも可能と考えられています。財団債権者については，破産手続によらずに随時弁済を受けられることから，申立権を否定する見解が多いですが，①条文上財団債権者を除外していないこと，②租税や労働債権における財団債権と優先的破産債権との区分は政策的な理由にすぎないこと，③財団債権者が予納金を負担して破産申立てをすることを禁止する理由が乏しいことを考慮すると，財団債権者の申立権を認めてよいと考えます[14]。

　債権者の申立権を否定した事案として，最決平11・4・16民集53巻4号740頁（百選12事件）があり，以下のような事案です。

13　裁判官が要証事実の存在について確信を得た状態。これに対し疎明は，一応確からしいとの認識を持った状態をいう。
14　伊藤132頁注109参照

46

債権者ではあるものの当該債権について第三者のために債権質を設定している者が，債務者に対し破産を申し立てた。

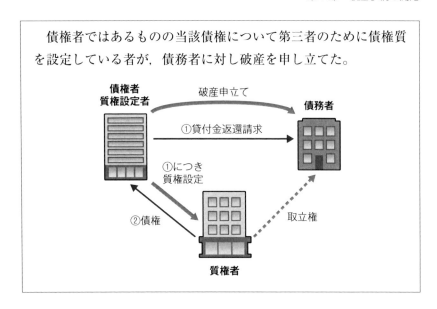

上記最決は，質権設定者は，質権者の同意があるなどの特段の事情のない限り，当該債権に基づき当該債権の債務者に対して破産の申立てをすることはできないと判示しました。質権の目的とされた債権について取立権は専ら質権者にあるにもかかわらず（民366条），質権設定者の申立てにより債務者を破産させると，質権者は破産手続でしか債権行使ができなくなり，質権者を害してしまうからです。

(3) 法人の理事，取締役，清算人等（破19条）による申立て

理事，取締役，清算人等による申立て（準自己破産）の場合，全員が破産手続開始の申立てをするときを除き，破産手続開始の原因となる事実の疎明が必要です。

第2 破産手続開始の決定

1 破産手続開始決定・申立棄却事由

裁判所は，破産手続開始の申立てがあった場合において，破産手続

第3章　破産手続の開始と手続の機関

開始の原因となる事実があると認めるときは，次のいずれかに該当する場合を除き，破産手続開始の決定をします（破30条1項）。

① 破産手続の費用の予納がないとき。

② 不当な目的で破産手続開始の申立てがされたとき，その他申立てが誠実にされたものでないとき。

破産手続開始の申立てをするときは，申立人は，破産手続の費用として裁判所の定める金額を予納しなければならないこととされており（破22条1項），予納がないと破産申立ては棄却されます。

上記②に該当する場合としては，たとえば債権者が自己の債権回収に有利な交渉をすることを専らの目的として申し立てる場合が考えられます。

2　破産申立てを制限する合意の効力

債務者が債権者等との間で，破産申立てをするに当たり同意を得る又は事前協議をする旨の合意をしていた場合に，これに反し破産申立てをしたときは，破産手続開始決定ができるのか問題となります。

これが問題となった事案として，東京高決昭57・11・30判時1063号184頁（百選8事件）があります。債務者会社が労働組合と事前協議及び同意なしに破産申立てをしないと合意していたのに，この合意に反し破産申立てをした事案です。同東京高決は，合意に反し破産申立てをした場合，合意の相手方に対する債務不履行となることがあるとしても，その破産申立てを違法・無効ということはできないとしています。破産手続は，破産原因のある債務者の全財産を強制的に管理換価し総債権者に公平な金銭的満足を与えることを目的とする裁判上の手続であり，一部特定の債権者その他の権利者との間の合意によってその申立てを制限されるとするのは相当でないからです。

第1節　破産手続の開始

3　破産決定の効力発生時

　破産手続開始決定は，その確定[15]を待つことなく，その決定の時から，効力を生じます（破30条2項）。したがって，破産管財人は，利害関係人による即時抗告があったか否かにかかわらず，破産手続開始決定の時から破産財団に関する管理処分権限を有し，財産管理に着手します（破78条1項，79条）。

4　破産手続開始決定に関する手続

⑴　破産手続開始決定と同時に，破産管財人が選任され，かつ原則として次の事項が定められます（破31条1項）。
　　①　破産債権の届出期間[16]
　　②　財産状況報告集会の期日
　　③　債権調査期間又は債権調査期日[17]
⑵　上記事項は，官報に公告され（破32条1項），知れている債権者等に通知されます[18,19]（破32条3項）。

15　利害関係人の即時抗告期間が経過した時，即時抗告がなされた場合，その手続の終了の時である。
16　異時廃止（第5章第4節2⑵参照）となる可能性がある場合，届出期間並びに③の債権調査期間及び債権調査期日を定めないことができる（破31条2項）。この場合，配当できるようになれば，あらためてこれらを定める（同条3項）。
17　実務では，全ての裁判所が期日における調査（期日方式）を原則としているので，債権調査期日が決定される。
18　裁判所が，破産決定の主文等公告に記載すべき事項を記載した書面を知れたる債権者に送達しなかったとして，国家賠償責任が認められた事案がある（大阪高判平18・7・5判時1956号84頁）。
19　破産管財人の同意を得て，破産管財人に書面の送付その他通知に関する事務を取り扱わせることができる（破規7条）。たとえば，東京地裁では，破産手続開始時の通知の送付を破産管財人に行わせている（注釈（上）236頁参照）。

49

第3章　破産手続の開始と手続の機関

破産手続開始決定の記載例（個人の場合の東京地裁の例）

平成２８年（フ）第○○号

決　　　定

東京都○○区○○町○丁目○番○号

債務者（破産者）　岩手三郎

主　　　文

債務者岩手三郎について破産手続を開始する。

理　　　由

一件記録によれば，債務者が支払不能の状態にあることが認められる。

よって，主文のとおり決定する。

なお，この決定に併せて，下記のとおり定める。

記

1　破産管財人　　　　　　東京都□□区□□町□丁目□番□号

　　　　　　　　　　　　　□□法律事務所

　　　　　　　　　　　　　弁護士　高知太郎

2　債権届出期間　　　　　平成２８年５月３１日まで

3　財産状況報告集会・計算報告集会・破産手続廃止に関する意見聴取の

　ための集会の各期日　　平成２８年６月２７日午後３時３０分

4　債権調査期日　　　　　平成２８年６月２７日午後３時３０分

5　免責についての意見申述期間[20]

　　　　　　　　　　　　　平成２８年６月２７日まで

6　免責審尋期日　　　　　平成２８年６月２７日午後３時３０分

　　　　　　　　　　　　　平成２８年４月２５日午後５時

　　　　　　　　　　　　　東京地方裁判所民事第２０部

　　　　　　　　　　　　　裁判官　　　○○○○

20　東京地裁の場合，免責に関する手続も並行して進めている。法人の場合には，免責についての意見申述期間，免責審尋期日は指定されない。

5 即時抗告

　破産手続開始の申立てについての裁判（破産手続開始決定，棄却決定）に対しては，利害関係人は，即時抗告をすることができます（破33条1項，9条）。しかし，破産手続開始決定があった場合，即時抗告があっても，即時抗告が認められるまでは，破産手続は進行します（破30条2項）。

　ここで株主は上記「利害関係人」に当たるか，つまり株主は会社に対する破産手続開始決定に対し即時抗告をすることができるかが問題となります。大阪高決平6・12・26判時1535号90頁（百選13事件）は，破産手続開始決定によって法律上の利益が直ちに害される者が利害関係人であるとした上で，株主は利害関係人には当たらず，即時抗告の申立権はないと判示しています。その理由として，破産した会社の株主は，破産終結によって会社の法人格が消滅するのに伴いその地位を喪失することにはなるものの，破産手続開始決定によって直ちに株主権が消滅したり，株主権の内容をなす自益権や共益権に変更が生じたりすることもないからだとしています。

　即時抗告は，原則として，裁判の告知を受けた日から1週間以内（破13条，民訴332条），ただし裁判の公告があった場合には，その公告が効力を生じた日から起算して2週間以内にしなければなりません（破9条）。ところで，実務では，破産手続開始決定後直ちに債務者に対し開始決定の告知がされ，知れている破産債権者に対し破産手続開始通知が送付（破32条3項）されますが，官報への公告掲載（破32条1項）は官報依頼等の手続の関係から開始決定の1か月後頃なされます。このような場合，破産者や債権者の破産手続開始決定に対する即時抗告期間はいつまでかが問題となります。最決平13・3・23判時1748号117頁（百選14事件）は，一律に公告のあった日から起算して2週間であると判示しています。多数の利害関係人について集団的処理が要請される破産法上の手続においては不服申立期間も画一的に定まる方が望ましいことを理由としています。

第3章　破産手続の開始と手続の機関

第3　破産手続開始決定の手続的効果

破産手続開始決定には次のような効果が伴います。

1　破産財団に関する管理処分権

破産財団に属する財産（破34条）の管理及び処分をする権利は，破産管財人に専属します（破78条1項）。他方で，破産者はその権利を失います。

2　債権者の権利行使の制限

債権者の権利は以下のとおり制限されます。

(1)　破産債権の行使禁止

原則として，破産債権を破産手続によらないで行使することは禁止されます（破100条）。つまり，破産債権者は，破産債権の届出をし，破産債権の調査を経て所定の配当を受け取る以外に，原則債権行使ができないということです。

(2)　強制執行等の禁止・失効

破産債権又は財団債権に基づき，破産財団に属する財産に対し，強制執行等をすることは禁止されます（破42条1項）。それらの強制執行等で，すでになされたものは，配当の実施が終了していない限り[21]，失効します（破42条2項）。

21　配当の実施として供託金の支払委託を行うことが予定されている場合は，当該支払委託がなされるまで（最決平30・4・18民集72巻2号68頁）。

(3) 国税滞納処分[22] の扱い

破産財団に属する財産に対する国税滞納処分は禁止されます（破43条1項）。ただし，すでになされたものは続行できます（破43条2項）。

(4) 訴訟手続の中断等

破産者を当事者とする破産財団に関する訴訟手続は中断します（破44条1項）。中断した訴訟については，破産管財人が受継します（破44条2項。必要なければ受継しないこともある）。ただし，破産債権に関する訴訟については，債権調査手続で破産管財人が認めなかった場合に限り，破産管財人が受継します（破44条2項，127条）。

債権者が提起していた債権者代位訴訟及び詐害行為取消訴訟は中断し，破産管財人又は相手方はこれを受継することができます（破45条）。

株主代表訴訟係属中に会社が破産した場合，当該訴訟はどうなるのかが問題になったことがあります。東京地決平12・1・27金判1120号58頁（百選22事件）です。株主が代表訴訟によって行使する損害賠償請求権は会社の取締役に対する債権ですが，これは破産財団に属する権利ですから，破産管財人に管理処分権が専属しています（破78条1項）。そこで，同東京地決は，この取締役に対する債権の管理処分権も破産管財人に移り，株主代表訴訟の訴訟追行中において，会社が破産した場合は，株主は当事者適格を喪失するとしています。また，訴訟を継続させるかどうかの判断は，その時点における訴訟の状況等を考慮した上での破産管財人の判断に委ねるのが相当なこと，破産管財人が新訴を提起するよりも破産管財人の受継を認める方が訴訟経済に資するといえる面もあることから，当該訴訟は終了するのではなく，破産法45条の準用によって中断し，破産管財人が受継することができると判示しています。

---

22 国税が納期限までに完納されない場合，国税債権の強制的実現を図るために行う行政処分。滞納者の財産を差し押さえ，これを公売に付して未納税金額・延滞金・督促手数料に充当する（国税徴収法第5章）。

第3章　破産手続の開始と手続の機関

第4　破産手続開始前の処分

　上記のとおり，破産手続開始決定があると，破産財団の管理処分権限は破産管財人に専属し（破78条1項），また債権者が破産債権等を行使することは制限されます（破42条，43条）。しかし，破産手続開始決定前であっても，債務者の行為や債権者の権利行使を制限しないと，開始決定時の破産財団に属すべき財産が十分保全できないことがあります。そのような場合に対応するために，以下のような制度が設けられています。

　ただし，早期に破産手続開始決定をすることで対応するのが本来ですから，これらの発令は一般的ではありません。

1　他の手続の中止命令等（破24条）

　破産手続開始の申立てにつき決定があるまでの間，破産債権又は財団債権に基づく破産財団に属する財産に対する強制執行等（破42条1項参照）や債務者の財産関係の訴訟手続等を中止する命令です。

2　包括的禁止命令（破25条）

　破産手続開始の申立てにつき決定があるまでの間，全ての債権者に対し，債務者の財産に対する強制執行等及び国税滞納処分の禁止を命ずるものです（破25条1項）。1の他の手続の中止命令（破24条）がすでに係属している個別の強制執行等に関し発令されるのに対し，包括的禁止命令は，予防的かつ包括的に強制執行等及び国税滞納処分を禁止する点に特色があります。

　強制執行等が多発し，中止命令（破24条）を迅速に取得することが困難であるなど，他の手続の中止命令（破24条）では破産手続の目的を十分に達成することができないおそれがある場合に認められます。また，事前に又は同時に，債務者の主要な財産に関し破産法28条1

54

第 1 節　破産手続の開始

項の保全処分をした場合又は破産法 91 条 2 項の保全管理命令をした場合に限られます。債権者に対する制限が大きいので，債務者自身の管理処分権限が制限されている場合に限る趣旨です。

　包括的禁止命令が発せられた場合には，債務者の財産に対してすでにされている強制執行等の手続及び外国租税滞納処分は，破産手続開始の申立てにつき決定があるまでの間，中止されます（破 25 条 3 項）。

3　債務者の財産に関する保全処分（破 28 条）

　破産手続開始の申立てにつき決定があるまでの間，債務者の財産に関し，その財産の処分禁止の仮処分その他の必要な保全処分を命ずるものです。

4　保全管理命令（破 91 条 2 項）

　保全管理人を選任し，破産手続開始の申立てにつき決定があるまでの間，債務者の財産に関し，保全管理人による管理を命ずる処分です（詳細は第 2 節第 3）。

5　破産手続開始の申立ての取下げの制限（破 29 条）

　破産手続開始の申立てをした者は，破産手続開始の決定前に限り，当該申立てを取り下げることができることとされていますが，上記のような破産手続開始前の処分がなされている場合には，取下げに裁判所の許可が必要とされています。破産手続開始前の処分を利用して債務者らが財産の費消や隠匿を行うことを防止するためです。

55

第3章　破産手続の開始と手続の機関

第2節

手続の機関

破産手続に関する機関としては，以下のものがあります。

裁判所

破産管財人

保全管理人

債権者集会

債権者委員会

代理委員

第1　裁判所

破産手続の中で表れる機関として，「破産裁判所」と「裁判所」が
あります。

「破産裁判所」とは，破産手続が係属している地方裁判所（破2条3
項。広義の破産裁判所。官署としての裁判所，国法上の裁判所）です。モデルス
トーリーでは，江戸地方裁判所がこれに当たります。

「裁判所」とは，破産手続を担当している裁判体（たとえば破24条，30
条ほか多数）[1]です。モデルストーリーでは，三重判事がこれに当たりま
す。合議体であることもあります。

たとえば，破産債権査定の申立てを担当するのは「裁判所」ですが
（破125条1項），破産債権査定異議の訴えは，「破産裁判所」が管轄しま
す（破126条2項）。否認の訴え及び否認の請求は「破産裁判所」が管轄

1　実務では，上記の破産法でいう「裁判所」をしばしば「破産裁判所」（狭義の破産裁
判所）と呼んでいるので，注意を要する。

56

します。もっとも「破産裁判所」が管轄するとしても，その「破産裁判所」内でどのような事務分配となっているかは別問題です。破産事件が係属している部の担当とする例もありますし，別の部が担当するとする例もあります。

　裁判所は，破産手続開始決定（破30条1項），破産管財人の選任（破31条1項），許可事項に関する許可（破78条2項），債権者集会の招集（破135条）・指揮（破137条），破産債権査定決定（破125条），破産手続終結決定（破220条），破産手続廃止決定（破216条～218条）等，破産手続の主要な手続を担います。

　裁判所書記官が独自に権限を持っていることもあります。破産手続開始申立書の補正を命ずる処分（破21条1項），最後配当許可（破195条2項），登記の嘱託等（破257条以下）などです。

第2　破産管財人

1　破産管財人の権限

(1)　破産財団の管理処分権

　破産管財人は，破産財団帰属財産の管理処分権を専属的に有します（破78条1項）。

(2)　破産管財人の調査権限

① 　破産管財人は，破産者の関係者（破40条）に対して説明を求め，又は破産財団に関する帳簿，書類その他の物件を検査することができます（破83条1項）。

② 　その職務を行うため必要があるときは，その調査権限は子会社等にも及びます（破83条2項・3項）。

③ 　破産者やその取締役，従業員等は説明義務を負います（破40条）。

第3章　破産手続の開始と手続の機関

2　破産管財人の法的地位

破産管財人は，破産者の地位を承継しているという面もありますが，破産債権者の利益を代表しているという面もあります。現在有力な見解は，破産財団について管理処分権を行使する独立の管理機構として法人格を有するものと破産管財人を位置付けています。破産管財人の法的地位をどのように考えるかが解釈を分けることがあります。破産管財人を破産者の地位を承継した者とのみ捉えるのは片面的な見方であり，たとえば，破産管財人が物権変動における第三者に当たるかという問題については，破産管財人が破産債権者の利益を代表する立場をも有していることを理由に，第三者性を有すると考えられています（詳細は，第4章第6節第1）。

3　破産管財人の選任（破74条）

裁判所が選任します（破74条1項）。法人も破産管財人になることができます（破74条2項）。現在の実務では，弁護士が選任されています。

破産管財人は破産管財人代理を選任することができます（破77条）。

同時廃止事件では破産管財人は選任されません[2]。

4　破産管財人の善管注意義務

破産管財人は，裁判所の監督に服します（破75条1項）。裁判所は，破産管財人が破産財団に属する財産の管理及び処分を適切に行っていないとき，その他重要な事由があるときは，利害関係人の申立てによ

---

[2]　裁判所は，破産財団をもって破産手続の費用を支弁するのに不足すると認めるときは，破産手続開始の決定と同時に破産手続廃止の決定をしなければならない（破216条1項）。同時廃止事件では，破産管財人が選任されないため，予納金が低額になる。そのため，個人債務者は同時廃止を希望することが多い。しかし，破産管財人による調査が行われないため，財産の隠匿，否認対象行為，免責不許可事由が見過ごされる可能性がある。

り破産管財人を解任することができます（破 75 条 2 項）。

　破産管財人は，職務を迅速・適正に遂行し，破産管財人として一般的・平均的に要求される善管注意義務を尽くさなければなりません（破 85 条 1 項）。破産管財人が善管注意義務違反により債権者その他の利害関係人に損害を与えた場合には，損害賠償義務を負います（破 85 条 2 項）。

　破産管財人が善管注意義務違反とされたものとして，以下のようなものがあります。

①　破産財団に属する売掛金債権について，回収手続を怠って時効消滅させた事案（東京高判昭 39・1・23 金法 369 号 3 頁）

②　破産管財人が租税債権について交付要求を受けながら弁済をしなかった事案（最判昭 45・10・30 民集 24 巻 11 号 1667 頁）

③　破産管財人が別除権対象不動産を任意売却したため，破産管財人自ら別除権不足額を確定し得たにもかかわらず，別除権者による不足額の証明がないとして，これに対する最後配当をしなかった事案（札幌高判平 24・2・17 金判 1395 号 28 頁）

　ほかに，破産管財人の善管注意義務違反が問われた事案として最判平 18・12・21 民集 60 巻 10 号 3964 頁（百選 19 事件）があり，以下のような事案です。

　破産者が本社事務所賃借の際，賃貸人に敷金を差し入れ，その返還請求権に銀行からの借入金のための質権を設定していた。破産後，破産管財人は，本社事務所の使用を継続したものの，賃料，共益費等を現実には支払わず，賃貸人との間で，敷金のほぼ全額を未払分に充当する処理をした。その結果，質権の目的であった敷金はほぼなくなってしまったので，銀行側が破産管財人に対し，善管注意義務違反を理由とする損害賠償請求，破産財団に対する不当利得返還請求（選択的併合）をした。

第3章　破産手続の開始と手続の機関

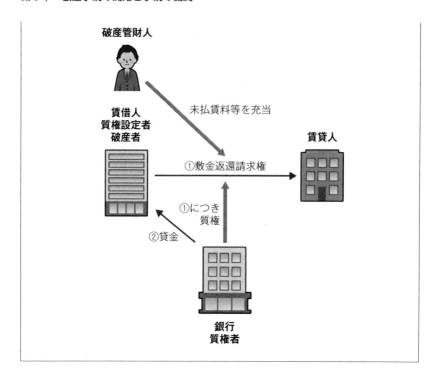

　同最判は，破産管財人が未払賃料等に敷金を充当する旨の合意をして質権の設定された敷金返還請求権の発生を阻害したことは，質権設定者の質権者に対する目的債権の担保価値を維持すべき義務に違反するとしましたが，「破産債権者のために破産財団の減少を防ぐという破産管財人の職務上の義務と質権設定者が質権者に対して負う義務との関係をどのように解するかによって結論の異なり得る問題であって，この点について論ずる学説や判例も乏しかったことや，(中略)破産裁判所の許可を得ていることを考慮すると，(中略)破産管財人が善管注意義務違反の責任を負うということはできない」と判示しました（ただし，破産財団に対する不当利得返還請求は認めた）。

第 2 節　手続の機関

第 3　保全管理人（破 91 条以下）

1　概要

　法人の債務者について破産手続開始の申立てがあった場合において，破産手続開始の申立てにつき決定があるまでの間，裁判所の命令により債務者の財産を管理する者です[3]。

2　保全管理命令の発令要件・手続（破 91 条 1 項）

　裁判所は，破産手続開始の申立てがあった場合において，債務者（法人である場合に限る）の財産の管理及び処分が失当であるとき，その他債務者の財産の確保のために特に必要があると認めるときは，利害関係人の申立てにより又は職権で，破産手続開始の申立てにつき決定があるまでの間，債務者の財産に関し，保全管理人による管理を命ずる処分をすることができます（破 91 条 1 項）。

　この命令において，保全管理人が選任されます（破 91 条 2 項）。

3　実情

　実務では，保全管理人が選任されることは少ないです。債権者申立てにおいて，破産手続開始決定をするには調査が不十分であり，かつ債務者が資産を散逸させるおそれが高い場合や，破産手続開始決定前に事業譲渡を行う必要がある場合などに選任されることがあります。後者の例としては，破産手続開始決定を受けると資格を失う職種（東京都中央卸売市場の仲卸業者等）について，開始決定前に保全管理人を選任

3　民事再生手続が失敗に終わり，破産手続に移行する場合に，破産手続開始決定がなされるまでの間，保全管理人が選任されることが多い。この場合の根拠条文は民事再生法 251 条。

61

第3章　破産手続の開始と手続の機関

して，事業譲渡をした上で，破産手続開始決定をすることがあります。

　実務では通常，保全管理人は，破産手続開始決定後，そのまま破産管財人になります。

第4　債権者集会

　債権者集会には，破産者等に説明を求める権能（破40条）等が認められていますが，実務的には債権者集会がこのような権能を行使する例はまれです。実際上は，破産管財人による説明の機会として機能しています。

　債権者集会は，破産管財人等所定の者の申立てがあった場合（破135条1項）又は職権で招集されます（破135条2項）。集会の指揮は裁判所が行います（破137条）。

　開催は任意であり，実務上開催されているものは，下記のものです。

①　財産状況報告集会

　原則として開催されますが，債権者数等の事情を考慮して債権者集会の招集が相当でないときは，招集されないこともあります（破31条1項2号・4項）。

②　任務終了計算報告集会

　破産管財人が任務を終了した場合に招集の申立てをすることになっています（破88条3項）[4]。任務終了計算報告集会招集申立てに代えて，書面による計算報告をする旨の申立てをすることができます（破89条1項）。

第5　債権者委員会

　旧法下において監査委員という制度がありましたが機能しなかった

4　実務では，当初から，第1回財産状況報告集会と任務終了計算報告集会とを同一期日に開催し，以後続行ないし延期するという運用が広く行われている（一括指定・続行方式　第3章第1節第2の4破産手続開始決定の記載例の記3参照）。この場合，破産管財人が招集の申立てをする必要はない（注釈（上）618頁）。

ため，これに代わり債権者の意向を簡易迅速な方法によって破産手続に反映するものとして現行法で新設された制度です（破144条1項，破規49条）。

　下記の要件を備えた委員会がある場合，裁判所がその破産手続への関与を承認し，これにより債権者委員会は下記権限を持つこととなっていますが，実務上承認の例はまれです。

（要件）
① 委員の人数が3人以上10人以下であること
② 破産債権者の過半数が委員会の手続関与に同意していること
③ 委員会が破産債権者全体の利益を適切に代表していること

（権限）
① 裁判所に対して破産手続に関する意見を述べること（破144条2項・3項）
② 破産管財人に対して破産財団の管理処分等について意見を述べること（同条3項・5項）
③ 破産管財人から報告書等の提出を受けること
④ 破産管財人に対する報告命令を裁判所に申し出ること（破147条）
⑤ 債権者集会の招集を申し立てること（破135条1項2号）

第6　代理委員（破110条）

　代理委員の制度は，破産債権者の破産手続への参加の機会を確保する方策を充実させるために現行法によって導入された制度です。

　これを利用すれば，利害関係が共通している多数の破産債権者が一括して権利を行使することが可能となります。たとえば，ゴルフ場経営会社の破産事件で多数の会員債権者が存在する場合，未払の労働債権を有する従業員が多数存在する場合，あるいは，破産者が詐欺的取引を多数行っていた場合などにおいて活用することが考えられます。その活用により，個々の破産債権者が権利を行使し手続に参加することによって生じる煩雑さを回避し，破産手続の円滑な進行を図ることができ，また，破産債権者の参加の機会を確保することができます。

第3章　破産手続の開始と手続の機関

第3節 破産財団

第1　破産財団とは

　破産者の財産[1]であって、破産手続において破産管財人にその管理及び処分をする権利が専属するものをいいます（破2条14項）。

　破産者が破産手続開始の時において有する一切の財産です。日本国内にあるかどうかを問いません（破34条1項）。ただし、破産者が個人の場合、破産者が破産手続開始の時において有する財産であっても、破産財団から除外されるものがあります。

第2　自由財産（個人）

　破産財団の範囲に含まれず、破産者が自由に管理・処分できる財産のことをいいます。

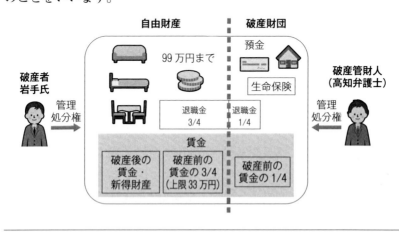

1　本書では、相続財産及び信託財産に関する破産には言及しないこととしている（はしがき参照）。そのため、破産財団に関する定義から、相続財産及び信託財産にかかる破産財団に関する部分を除外している。

第3節　破産財団

　個人の破産の場合，その財産の全てが破産財団に帰属するのではなく，次のものは破産財団に帰属しないとされています。

1　新得財産

　手続開始後に破産者が取得した財産をいいます。たとえば，破産者が破産後に働いて得た給料です。

　ただし，現実に債務者が取得する時期が破産手続開始後であっても，原因が手続開始前にある場合には，破産財団に属するものとされます（破34条2項）。たとえば，以下のようなものです。

① 　破産前に契約していた生命保険を破産後に解約したことにより生じた解約返戻金
② 　破産前からの建物賃貸借契約を破産後に解約したことにより生じた敷金返還請求権
③ 　破産前の借入金弁済により生じた過払金返還請求権
④ 　破産前からの勤務を破産後に退職したことにより生じた退職金請求権
⑤ 　破産手続開始前に成立した第三者のためにする生命保険契約に基づき，破産後に破産者である死亡保険金受取人が取得した死亡保険金請求権[2]

2　差押禁止財産

　破産者の生活維持等を目的として，民事執行法における差押禁止財産は自由財産とされています。たとえば，以下のものです。

① 　現金99万円まで（破34条3項1号，民執131条3号，民執令1条。ただし，民事執行法の差押禁止の範囲の1.5倍）
② 　債務者等の生活に欠くことができない衣服・寝具・家具・台所

2　最判平28・4・28民集70巻4号1099頁

第3章　破産手続の開始と手続の機関

用品等（破34条3項2号，民執131条）

③　賃金の4分の3（ただし，33万円を超える部分は破産財団）（破34条3項2号，民執152条1項）

④　退職金債権の4分の3（破34条3項2号，民執152条2項）[3]

3　一身専属性のある財産

　性質上，一身専属性のある財産は，差押えの対象ともならず，破産財団に含まれないと解されます。たとえば，破産者が行使する前の扶養請求権（民752条等）や財産分与請求権（民768条）がこれに当たります。

　一身専属性が問題になるものとして，名誉毀損による慰謝料請求権があります。これが問題となった最判昭58・10・6民集37巻8号1041頁（百選23事件）は以下のような事案です。

　町長であったAは，昭和46年7月28日破産宣告（現行破産法における破産手続開始決定。以下，同じ）を受け，昭和49年11月28日，破産終結決定を受けた。

　Aは，町長に在職当時に請託を受けて職務に関して賄賂を収受したとの罪で起訴されたが，破産宣告前に無罪判決を受けており，破産手続中に，自己の名誉を毀損されたと主張して，国に対し，国家賠償法に基づいて慰謝料2000万円の損害賠償を求める本件訴えを提起し，昭和53年に200万円の勝訴判決を受けた。控訴審係属中にAは死亡し，相続人が訴訟を承継したが，相続人に当事者適格があるのか，それとも慰謝料請求権は破産財団に帰属していたものとして，かつての破産管財人に当事者適格があるのかが問題となった。

3　したがって，退職金の4分の1は破産財団に含まれることになるが，開始時にいまだ退職していないときは，現実化するかはっきりしないため，実務ではその時点の見込み額の8分の1をもって破産財団に帰属するものと評価することが多い。

同最判は,

① 名誉を侵害されたことを理由とする被害者の加害者に対する慰謝料請求権を行使するかどうかは専ら被害者自身の意思によって決せられるべきものであり, その具体的な金額が当事者間において客観的に確定しない間は, 被害者がなおその請求意思を貫くかどうかをその自律的判断に委ねるのが相当であるから, この権利はなお一身専属性を有する。

② しかし, 具体的な金額の慰謝料請求権が当事者間において確定したときは, もはや単に加害者の現実の履行を残すだけであって, その受領についてまで被害者の自律的判断に委ねるべき特段の理由はないし, また, 被害者がそれ以前の段階において死亡したときも, 慰謝料請求権の承継取得者についてまで行使上の一身専属性を認めるべき理由がない。

とした上で, ①の場合は, 債権者からの差押えの対象や債権者代位の目的にならないが, ②の場合はなると判示しました。上記事案においては, 破産手続開始時点では①の状態であったので慰謝料請求権は破産財団に含まれておらず, 破産財団に帰属したことがない以上, 破産手続終結後に②の状態になったとしても, 追加配当すべき場合に当たらないということになります。つまり, かつての破産管財人に当事者適格を認める理由はないということです。

第3 自由財産の拡張（個人）

裁判所の決定により, 自由財産の範囲を拡張する制度が設けられています（破34条4項）。この制度は, 柔軟に個人の破産者の生活保障を図ることを目的としています。決定に当たり, 裁判所が考慮する要素は以下のものです。

① 破産者の生活の状況

② 破産手続開始の時において破産者が有していた自由財産の種類及び額

第3章　破産手続の開始と手続の機関

　③　破産者が収入を得る見込み

　④　その他の事情

第4　破産財団に関する管理処分権

　破産手続開始の決定があった場合には，破産財団に属する財産の管理及び処分をする権利は，破産管財人に専属します（破78条1項）。一定の事項について裁判所の許可を得る必要があるものの（破78条2項），破産財団の管理処分は破産管財人の裁量に委ねられます。

　破産管財人は，就職の後直ちに破産財団に属する財産の管理に着手しなければなりません（破79条）。

第**4**章

破産財団と関係者の
権利義務関係

第4章　破産財団と関係者の権利義務関係

第1節

債 権
（破産債権・財団債権）

第1　債権の種類

　破産財団ないし破産管財人に対し請求できる債権には次の2種類があります。

①　破産債権

　　破産者に対し破産手続開始前の原因に基づいて生じた財産上の請求権であって，財団債権に該当しないものをいいます（破2条5項）。破産法に特別の定めがある場合を除き，破産手続によらなければ，行使することができません（破100条1項）。

②　財団債権

　　破産手続によらないで破産財団から随時弁済を受けることができる債権（破2条7項）をいいます。財団債権は，破産債権に先立って，随時弁済を受けることができます（破151条）。

第2　事例に基づく破産債権・財団債権の具体例

　モデルストーリーの破産者モンキー食品（破産手続開始決定日＝平成28年5月6日）に関連し，各債権者が下記債権を有しているとします。

（債権の例）

①　スネーク製粉株式会社の売掛金

　ア　平成28年3月分の小麦粉代金300万円（支払期限4月末）

　イ　平成28年4月分の小麦粉代金200万円（支払期限5月末）

　ウ　アイに対する遅延損害金（民419条1項）

第1節　債権（破産債権・財団債権）

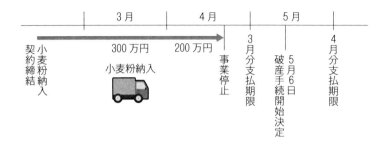

② 工場不動産に課された固定資産税
　ア　平成26年第1期分10万円（納期限：平成26年6月30日）
　イ　平成27年第4期分10万円（納期限：平成28年2月29日）
　ウ　破産手続開始決定日以後の固定資産税
③ 破産申立日に解雇された従業員山梨次郎（月給30万円）の下記債権
　ア　未払の給料（平成28年4月20日から破産申立日までの分）
　イ　退職金300万円
　ウ　解雇予告手当30万円
　エ　労働者健康安全機構が破産手続開始決定後にイのうち240万円を立替払した場合に，山梨に代位して請求する退職金240万円（民499条1項）
④ 破産管財人からの依頼により債権債務の整理を行った元従業員のアルバイト代
⑤ 破産管財人報酬（破87条）

上記各債権の性質は次のとおりとなります。

①のアイ及びウのうち破産手続開始日までの遅延損害金は一般的な破産債権です。ウのうち破産手続開始日以降の遅延損害金は劣後的破産債権です。なお，イについても破産手続開始の時に弁済期が到来したものとみなされるので（破103条3項），遅延損害金は開始の時から発生します。

②のアは優先的破産債権（納期限から1年以上経過しているから。破148条1項3号参照）です。イは財団債権（破148条1項3号），ウは財団債権（破産財団の管理に関する費用。破148条1項2号）です。

第4章　破産財団と関係者の権利義務関係

③のアは財団債権（破149条1項）です。イのうち90万円は財団債権（破149条2項），210万円は優先的破産債権（破98条，民306条2号，308条）です。ウは破産法149条1項の「給料」に該当しないため優先的破産債権と考えられますが，財団債権に当たるとする考えもあります[1]。エのうち財団債権を立替払した部分は財団債権，優先的破産債権を立替払した分は優先的破産債権と通常扱われています。

④⑤は財団債権（破148条1項2号）です。

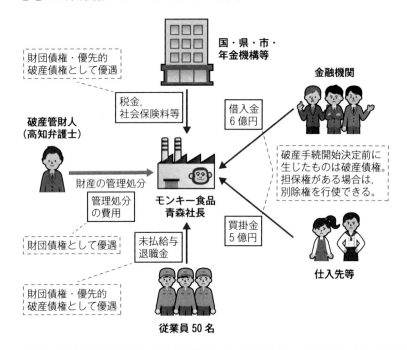

上記のうち破産債権は，破産手続により定められた順位に従い配当が受けられるのみ（破100条1項）です。財団債権は，破産債権に優先し，随時弁済を受けられます（破2条7項，151条）。

優先順位は以下のとおりとなります（ただし③ウエは除外）。

---

[1] たとえば，東京地裁では，財団債権と扱うことを認める運用をしている（注釈（下）43頁）。

第 1 節　債　権（破産債権・財団債権）

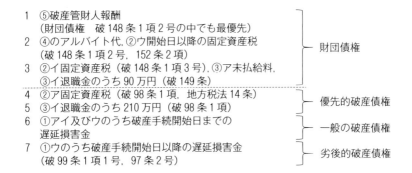

第 3　破産債権について

1　破産債権の要件（破 2 条 5 項）

(1)　「破産手続開始前の原因に基づく」とは

　「破産手続開始前の原因に基づ」いて生じたことが破産債権の要件です。破産手続は，開始時を基準として，その時点における破産者の財産と債務を清算することを目的としています。そこで対象となる債務を，破産手続開始前の原因に基づくものに限定しているのです[2]。

　といっても，破産手続開始時に債権が発生していることまでは必要はなく，債権が生じた原因が破産手続開始前にあればよいのです。したがって，条件付債権又は将来の請求権でもよいのです[3]（破 103 条 4 項）。

　主たる発生原因が破産手続開始前にあればよいと考えられていますが，何をもって主たる原因と見るかは，事案によって評価が分かれる

---

[2] もっとも劣後的破産債権（破 99 条 1 項）の中には，明らかに破産手続開始後の原因に基づくものも含まれている。また，破産後に双方未履行双務契約の解除による生じる相手方の損害賠償請求権は，破産債権とされている（破 54 条 1 項）。
[3] 条件成就が未確定の場合は，配当は受けられない。その場合，中間配当の配当額は寄託される（破 214 条 1 項 4 号）。最後配当で，除斥期間内に条件が成就しなければ，その債権は配当から排除され（破 198 条 2 項），寄託分は他の破産債権者への配当に回される（破 214 条 3 項）。

第4章　破産財団と関係者の権利義務関係

可能性があります。たとえば，破産手続開始前にされた破産者の不法
行為によって破産手続開始後に損害が顕在化した場合の損害賠償請求
権も破産債権です。たとえば，上記債権の例①イの売掛金については，
納品したのが手続開始前なら，請求がされていなくとも，また支払期
限が到来していなくとも，破産手続開始前の原因に基づくというべき
です[4]。「保証契約が主たる債務者の破産手続開始前に締結されていれ
ば，当該求償権の発生の基礎となる保証関係は，その破産手続開始前
に発生しているということができるから，当該求償権は，「破産手続
開始前の原因に基づいて生じた財産上の請求権」（破2条5項）に当た
るものというべき」です[5]。

(2)　財産上の請求権であること

「財産上の請求権」であることが破産債権の要件です。物の引渡請
求権は，非金銭債権ですが，損害賠償請求権に転化する場合には，金
銭的に評価することが可能ですから，破産債権となり得ます（破103条
2項1号）。作為請求権でも，破産による履行不能により損害賠償請求
権となっているのであれば，破産債権となり得ます。

2　破産債権の種類と優先順位

破産債権には，一般的な破産債権のほか，優先的破産債権と劣後的
破産債権があります。

(1)　優先的破産債権

破産財団に属する財産について一般の先取特権その他一般の優先権

---

[4]　破産の場合，期限付き債権であっても破産手続開始時に弁済期が到来したものとみ
なされるので問題とならないが（破103条3項），民事再生の場合にはこのようなみな
し規定がないので，納品が手続開始前で支払期限が開始後の場合，再生債権ではなく，
共益債権だと誤解されることがある。
[5]　最判平24・5・28判時2156号46頁（百選69事件）

第1節　債権（破産債権・財団債権）

がある破産債権は，他の破産債権に優先して弁済を受けられます（破98条1項）。財団債権に該当しない公租公課（国税徴収法8条，地方税法14条等），財団債権に該当しない労働債権（民306条2号，308条）が優先債権に当たります。

(2)　劣後的な破産債権
ア　劣後的破産債権

　優先的破産債権（破98条）及び一般の破産債権に劣後して配当を受けることのできる破産債権の総称（破99条1項）です。破産手続開始後の利息（破97条1号），破産手続開始後の遅延損害金（同条2号），無利息の確定期限付債権の期限までの中間利息（破99条1項2号）などがこれに当たります（詳細は破99条1項，97条）。

イ　約定劣後破産債権

　破産債権者と破産者との間において，破産手続開始前に，当該債務者について破産手続が開始されたとすれば当該破産手続におけるその配当の順位が劣後的破産債権に後れる旨の合意がされた債権（破99条2項，194条1項4号）[6] です。

ウ　内部者債権の劣後化

　たとえば，子会社が破産した場合において，親会社の子会社に対する破産債権を他の一般の破産債権との関係で劣後的に取り扱うべきという考えがあります。同様に，破産した会社の役員が当該会社に対して有する債権を劣後的に取り扱うべきという考えがあります。このような取扱いをすべきかが問題となった事案として，東京地判平3・12・16金判903号39頁（百選47事件）があります。この判決は，劣後

6　このような合意のある借入金は，国際決済銀行の自己資本比率規制（BIS規制）との関係で銀行の自己資本とみなされたり，企業の自己資本とみなされたりする場合があり，そのようなメリットのためにこのような合意がされることがある。

第4章　破産財団と関係者の権利義務関係

化する旨の明文の規定がなく，破産法194条の趣旨からすると，同条
1項に規定された破産債権以外の劣後的破産債権を創設し，規律しよ
うとしているとは解されないことを理由に劣後的取扱いは許されない
旨判示しています。

(3)　破産債権の優先順位 (破194条1項)

　破産債権に対し配当をする場合，以下の優先順位に従います。

　　ⅰ　優先的破産債権

　　　　優先的破産債権の中では，国税，地方税，公課，労働債権の順
　　　　(破98条2項，国税徴収法8条，地方税法14条，健康保険法182条等)

　　ⅱ　一般的な破産債権 (ⅰⅲⅳ以外の破産債権)

　　ⅲ　劣後的破産債権

　　ⅳ　約定劣後破産債権

　通常の破産事件において，劣後的破産債権や約定劣後破産債権にま
で配当が回ることはまずありません。同順位の中では債権額に比例し
て平等に配当がなされます (破194条2項)。

3　破産債権の行使

(1)　手続外権利行使の禁止

　破産債権は，原則として，破産手続によらなければ，行使すること
ができません (破100条1項)。つまり，破産債権の届出，調査・確定の
手続を経て，配当原資がある場合に，配当をもらえるだけということ
になります。

　破産債権に関し，強制執行をすることも禁止されます (破42条1項)。
破産手続開始決定時にすでにされている強制執行は失効します (同条2
項)。

　例外として，次のものがあります。

76

第1節 債権（破産債権・財団債権）

ア　給料の請求権等の弁済の許可

　優先的破産債権である給料の請求権又は退職手当の請求権について届出をした破産債権者が，これらの破産債権の弁済を受けなければその生活の維持を図るのに困難を生ずるおそれがあるときは，配当前でも弁済を受けられることがあります（破101条）。労働者の生活保障を目的とする制度です。

イ　国税滞納処分の続行

　すでになされている国税滞納処分は，優先的破産債権に基づくものであっても，続行できます（破43条2項，100条2項）。

(2) 破産債権の等質化

　破産債権は，金銭による配当の形で満足を受けるため，配当の時点で金銭による弁済が可能となるよう，以下のとおり破産債権の等質化が図られています。

　全ての破産債権は金銭的に評価されます（金銭化　破103条2項）。たとえば，非金銭債権，金額不確定の金銭債権及び外国通貨金銭債権は，破産手続開始時における評価額が破産債権額となります（破103条2項1号イロ）。

　弁済期未到来の債権については弁済期の到来が擬制されます（現在化　破103条3項）。ただし，1年以上先の弁済期の場合，中間利息分は劣後的破産債権となります（破99条1項2号）。

第4　財団債権 (破148条1項)

1　財団債権の種類・要件

　財団債権の主なものは以下のものです。

　　① 破産債権者の共同の利益のためにする裁判上の費用の請求権
　　　（1号）

77

② 破産財団の管理・換価・配当に関する費用の請求権（2号）
③ 破産手続開始前の原因に基づいて生じた租税等の請求権（国税徴収法又は国税徴収法の例によって徴収することのできる請求権　破97条4号参照）で，破産手続開始当時，納期限の到来していないもの，又は納期限から1年を経過していないもの（3号）

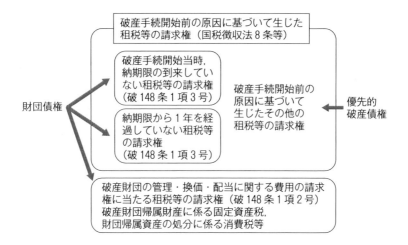

④ 破産財団に関し破産管財人がした行為によって生じた請求権（4号）

　最判昭43・6・13民集22巻6号1149頁は，破産財団に属する物件が他人の土地上に存在し，そのため，その土地を不法に占有することによって生ずる損害金債権は，本号により財団債権だと判示しています。

⑤ 破産手続開始時に双方未履行の双務契約について破産管財人が債務の履行を選択した場合の相手方の有する請求権（7号）
⑥ 破産手続開始前3か月間の給料の請求権及び退職前3か月間の給料の総額に相当する額の退職手当請求権（破149条）

第1節 債 権（破産債権・財団債権）

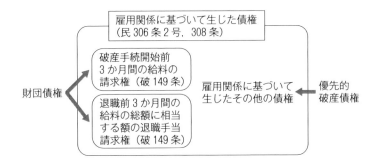

2 財団債権に対する弁済

破産債権に優先し（破151条），破産手続によらずに弁済を受けることができます（破2条7項）。しかし，破産手続開始後に財団債権に基づく新たな強制執行等をすることは禁止されており（破42条1項），破産手続開始時にすでになされている場合には，破産手続開始決定により失効します（破42条2項）。ただし，国税滞納処分については，破産手続開始時にすでになされている場合には，続行します（破43条2項）。

破産財団が財団債権の総額を弁済するに足りない場合には，債権額の割合に応じて平等弁済することになっています（破152条1項本文）。ただし，前出1①②の財団債権は，他の財団債権に優先して弁済されます（破152条2項）。

第5 財団債権の弁済による代位

財団債権（たとえば前述第2の事例における③イの退職金のうち90万円）を第三者が破産者に代わって弁済し，第三者が退職金債権を代位して行使した場合，財団債権と扱うべきかが問題となります。

79

第4章 破産財団と関係者の権利義務関係

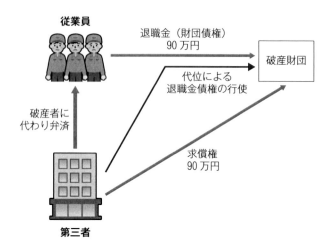

　このような事案について，最判平23・11・22民集65巻8号3165頁（百選48①事件）は，下記の理由から，財団債権扱いを認めました。
① 　弁済による代位の制度は，原債権を求償権を確保するための一種の担保として機能させることをその趣旨とするものであり，この制度趣旨に鑑みれば，求償権の行使が倒産手続による制約を受けるとしても，当該手続における原債権の行使自体が制約されていない以上，原債権の行使が求償権と同様の制約を受けるものではないので，弁済による代位により財団債権を取得した者は，求償権が破産債権にすぎない場合であっても，破産手続によらないで財団債権を行使することができるというべきである。
② 　このように解したとしても，他の破産債権者は，もともと原債権者による上記財団債権の行使を甘受せざるを得ない立場にあったのであるから，不当に不利益を被ることはない。
　最判平23・11・24民集65巻8号3213頁（百選48②事件）は，民事再生の事案ですが，共益債権を保証人が再生債務者に代わって弁済した事案について，同様に，保証人の共益債権の行使を認めています。
　もっとも，代位された債権が租税債権の場合は，別に考える必要があります。前掲最判平23・11・22の補足意見も「租税債権のごとく，弁済による代位自体がその債権の性質上生じない場合は別である」と

第 1 節　債　権（破産債権・財団債権）

述べています。

第 6　労働債権の保護

労働債権は，次のような形で一般の破産債権より保護されています。

1　一部の財団債権化

破産手続開始前 3 か月間の給料の請求権及び退職前 3 か月間の給料の総額に相当する額の退職手当請求権は財団債権とされています（破149 条）。

2　優先債権の扱い

1 に当たらない場合でも，労働債権は，一般の先取特権があるものとされ（民 306 条 2 号，308 条），他の破産債権に優先して弁済を受けられます（破 98 条 1 項）。

3　給料の請求権等の弁済の許可

優先的破産債権である給料の請求権又は退職手当の請求権について届出をした破産債権者が，これらの破産債権の弁済を受けなければその生活の維持を図るのに困難を生ずるおそれがあるときは，配当前でも弁済を受けられる制度が設けられています（破 101 条）。労働者の生活保障を目的とする制度です。

4　破産管財人の情報提供努力義務

破産管財人は，破産債権である給料の請求権又は退職手当の請求権を有する者に対し，破産手続に参加するのに必要な情報を提供するよ

81

第4章　破産財団と関係者の権利義務関係

う努めることとされています（破86条）。

5　継続的供給契約の規律の不適用（破55条3項）

　他の継続的供給契約のように手続開始後労働者が労働債務の履行を
拒絶できないことになると，労働者の正当なストライキ権を奪う場合
があるかのように解釈されるおそれがあるからです。

6　労働組合等に関する情報提供又は労働組合等の意見申述権

　①　破産手続開始時の通知（破32条3項4号）
　②　営業又は事業の譲渡の許可に関する意見申述権（破78条4項）
　③　債権者集会に関する通知（破136条3項）

7　非免責債権

　雇用関係に基づいて生じた使用人の請求権及び使用人の預り金の返
還請求権は非免責債権とされています（破253条1項5号）。

第7　租税等の請求権の優遇

　租税等の請求権（国税徴収法又は国税徴収の例によって徴収することのできる請
求権）は，次のような形で一般の破産債権より優遇されています。

1　財団債権化

　破産手続開始の原因に基づき生じた租税等の請求権で，破産手続開
始当時，まだ納期限の到来していないもの又は納期限から1年を経過
していないものは，財団債権とされています（破148条1項3号）。

82

第1節 債 権（破産債権・財団債権）

2 優先債権の扱い

1に当たらない場合でも，他の破産債権に優先して弁済を受けられます（国税徴収法8条，地方税法14条等，破98条1項）。

3 破産手続によらない権利行使の許容

次の場合，破産手続開始後でも，破産債権である租税等の請求権を行使することができます（破100条2項，43条2項）。

① 破産手続開始の時に破産財団に属する財産に対してすでにされている国税滞納処分

② 徴収の権限を有する者による還付金又は過誤納金の充当

4 債権届出期間

債権届出期間による制約がありません（破114条）（第5章第1節第4参照）。

5 異議主張の制限

破産管財人から異議を主張する方法が制限されています（破134条）。

6 偏頗行為否認の適用の制限

破産者が租税等の請求権につき，その徴収の権限を有する者に対してした担保の供与又は債務の消滅に関する行為には，偏頗行為否認の適用が制限されています（破163条3項）。

7 非免責債権

免責の対象外とされています（破253条1項1号）。

83

第4章 破産財団と関係者の権利義務関係

第2節 保証・物上保証等多数当事者の扱い

第1 全部の履行をする義務を負う者が数人ある場合等の手続参加

次のような事案を想定してみます。

> ホース信用組合は破産者モンキー食品に対する貸付金（開始決定時の残高1億円）について青森社長の連帯保証を得ていた。

この場合に，債権者であるホース信用組合は貸付金についていくらの破産債権届出をすべきでしょうか。また保証人・青森社長は求償権についていくらの届出をすべきでしょうか。債権者・ホース信用組合が1億円の破産債権届出をした後，青森社長が保証履行としてホース信用組合に1000万円を弁済した場合，ホース信用組合は破産債権届出の一部を取り下げるべきでしょうか。また，青森社長は破産債権届出をすべきでしょうか。青森社長が1億円の全額を弁済した場合はどうでしょうか。

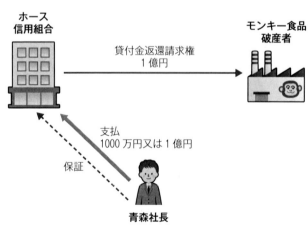

第2節　保証・物上保証等多数当事者の扱い

1　開始時現存額主義

　破産法は，たとえば主債務者のほかに保証人がいるなど，全部の履行をする義務を負う者が数人ある場合[1]に，その全員又はそのうちの数人若しくは1人について破産手続開始の決定があったときは，債権者は，破産手続開始の時において有する債権の全額についてそれぞれの破産手続に参加することができるものとしています（破104条1項）。さらに，この場合，他の履行義務者が破産手続開始後に債権者に対して弁済した場合でも，その債権の全額が消滅した場合を除き，その債権者は，破産手続開始の時において有する債権の全額についてその権利を行使することができるものとしています（破104条2項）。このような考え方を開始時現存額主義といいます。

　この考え方は，主債務者及び保証人のような複数の全部義務者を設けることが責任財産を集積して弁済をより確実にするという機能を有することを破産手続において重視したものです[2]。

　上記事案では，債権者ホース信用組合は，保証人がいたとしても，破産者モンキー食品の破産手続に全額1億円の債権届出ができることになります。破産手続開始決定後に保証人から一部弁済を受けたとしても，開始決定時の債権額が1億円であることに変わりありませんから，1億円の債権届出ができますし，届出の一部を取り下げる必要もありません。ただし，開始決定後に保証人が全額の弁済をした場合は，別です。また，開始決定より前に保証人から一部の弁済を受けた場合は，開始決定時点における残額を届け出ることとなります。

　仮に，上記の事案で，青森社長もモンキー食品と同時に破産手続開始決定を受けたとした場合，ホース信用組合は，主債務者・モンキー食品及び保証人・青森社長のそれぞれの破産手続において，債権の全

1　主債務者のほかに保証人がいる場合，連帯債務者がいる場合，法人に無限責任社員がいる場合等がある。
2　最判平22・3・16民集64巻2号523頁（百選45事件）

85

額1億円の債権届出ができます[3]。もし，いずれかの破産手続において配当を受けたとしても（1億円の配当を受けたのでない限り），もう一方の破産事件において債権届出の一部を取り下げる必要もありません。

　この結果，計算上，債権者への配当額が実体法上の残債権額を超過することがあります。上記の事案において，モンキー食品の破産手続開始決定後に保証人・青森社長が8000万円の弁済をし，債権者ホース信用組合の残債権額が2000万円となっていた場合に，配当表作成時において破産配当率が30％となったとします。

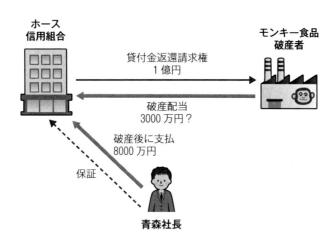

　破産法104条1項及び2項をそのまま適用すれば，ホース信用組合に対する配当額は3000万円となり，残債権額2000万円を1000万円超過します。この場合，その超過分1000万円をどうするかが問題となります。最決平29・9・12民集71巻7号1073頁は，物上保証人の事案ですが，このような場合，条文に忠実に，その超過する部分はそのまま債権者に配当すべきとしています[4]。

---

[3] 本来保証人（連帯保証の場合を除く）には催告・検索の抗弁権（民452条，453条）があるが，保証人が破産した場合，主債務者が破産したかどうかにかかわらず（民452条ただし書参照），当然に催告・検索の抗弁権はない（破105条）。

2 求償権者の手続参加

　一方，保証人の権利行使はどうなるのでしょうか。破産法は，上記の場合，たとえば保証人等の破産者に対して将来行うことがある求償権を有する者は，その全額について破産手続に参加することができる[5]としていますが，債権者が破産手続開始の時において有する債権について破産手続に参加したときは，破産手続に参加できないとしています[6]（破104条3項）。つまり，同一の債権につき破産財団に対し二重の権利行使とならないよう，債権者を優先する形で調整しているのです（債権者優先主義）。

　そして，債権者が破産手続に参加した場合において，破産者に対して将来行うことがある求償権を有する者が破産手続開始後に債権者に対して弁済等をしたときは，その債権の全額が消滅した場合に限り，その求償権を有する者は，その求償権の範囲内において，債権者が有した権利を破産債権者として行使することができるとしています（破104条4項）。

　前記事案では，債権者であるホース信用組合がモンキー食品の破産手続において債権届出をしている場合には，保証人・青森社長は求償権の届出をすることはできないことになります（届け出ても認められない）。青森社長が開始決定後に保証履行としてホース信用組合に1000万円を弁済したとしても同じです。青森社長が開始決定後に1億円全額を

4　同最決は，「破産法104条1項及び2項は，複数の全部義務者を設けることが責任財産を集積して当該債権の目的である給付の実現をより確実にするという機能を有することに鑑みて，配当額の計算の基礎となる債権額と実体法上の債権額とのかい離を認めるものであり，その結果として，債権者が実体法上の債権額を超過する額の配当を受けるという事態が生じ得ることを許容しているものと解される（なお，そのような配当を受けた債権者が，債権の一部を弁済した求償権者に対し，不当利得として超過部分相当額を返還すべき義務を負うことは別論である。）」と判示している。

5　「その全額について破産手続に参加することができる」の意味については，a 将来の請求権（破103条4項）として参加できるという見解と，b 事前求償権（民460条参照）として参加できるという見解がある。aの見解によれば，保証人が配当を受けるためには最後配当に関する除斥期間内に保証履行することが必要ということになり，債権者の権利行使との調整規定は当然の規定ということになる。

6　求償権を自働債権とする相殺もできない（最判平10・4・14民集52巻3号813頁）。

弁済した場合は，青森社長はモンキー食品の破産手続において求償権又は弁済による代位として貸付金の債権届出をすることができます[7]。また，開始決定より前に一部弁済をしていた場合は，その分は債権届出ができます。

もともと債権の一部につき保証がされており，その保証の範囲で全額弁済した場合（たとえば，前記事案で，青森社長がホース信用組合の1億円の貸付金のうち3000万円のみを保証しており，その保証履行として開始決定後3000万円の弁済をした場合），保証の範囲では債権の全額が消滅していますから，その部分について保証人は破産手続に参加でき，債権者は参加できないものと考えます[8]。

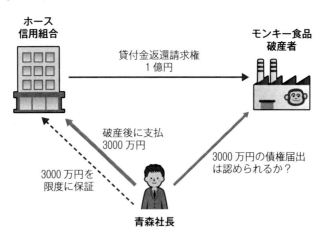

3 保証人が複数の被保証債権のうち一部の債権につきその全額を弁済した場合

たとえば，債権者が破産者に対し貸付金1億円と貸付金3000万円の2口の貸付金を有しており，双方を保証している保証人が破産手続開始決定後に3000万円の貸付金だけを全額を弁済した場合です。こ

---

[7] 保証人が債権の全額を弁済した場合，債権者のなした債権届出については，届出名義の変更（破113条）を受けられる。
[8] 東京高判平18・10・31判タ1240号336頁は反対。

の場合，債権者は3000万円の貸付金について，破産財団に対し権利行使できるでしょうか。

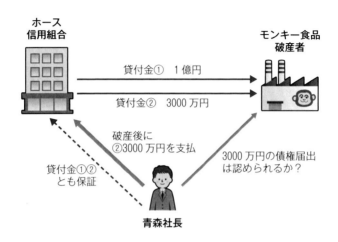

　この問題について，最判平22・3・16民集64巻2号523頁（百選45事件）は，開始決定後に，保証人が複数の被保証債権のうちの一部の個別債権につきその全額を弁済した場合には，複数の被担保債権の全部が消滅していなくても，個別債権については破産法104条2項の「その債権の全額が消滅した場合」に該当し，債権者は破産手続においてその権利を行使することができない旨，判示しています[9,10]。その理由として，破産法104条2項においては「その債権の全額」と規定され，特に「破産債権者の有する総債権」などと規定されていない以上，個別の破産債権（一口の債権）の全額を意味すると解するのが相当としています[11]。開始時現存額主義は，破産債権額と実体法上の債

9　ただし，事案は物上保証人の事案である。
10　この問題に関連し，任意の時期に弁済充当の指定ができる旨の特約は破産手続において有効かが問題となった。同日の別の最判（判時2078号18頁）は，そのような特約があったとしても，複数の債権の全部を消滅させるに足りない弁済を受けた債権者が，1年以上経過した時期に初めて，特約に基づく充当指定権の行使を主張するのは，法的安定性を著しく害するものとして許されないと判示している。
11　「口単位説」と呼ばれる。これに対し，破産法104条2項の「その債権の全額」を破産債権者の有する総債権と解する説を「総債権説」と呼ぶ。

第4章　破産財団と関係者の権利義務関係

権額とのかい離を生じさせるものですから，限定的に解釈するのが妥当という考えが背後にあるものと思われます。

4　主債務者（個人）の免責及び主債務者（法人）の消滅の影響

　主債務者が免責を受けても，債権者は保証人に対し保証履行を請求することができます（破253条2項）。免責後に保証人が保証履行した場合，保証人の求償権は主債務者の破産手続開始前の原因に基づく債権であって破産債権であり，免責の対象となります（破253条1項）。

　同様に，主債務者が法人である場合，破産手続の終了により法人は消滅し，主債務者に対する権利行使はできないことになりますが，債権者は保証人に対し保証履行を請求することはできると解されます。

　主債務者（個人）が免責され，又は主債務者（法人）が破産手続の終了により消滅し，債権者が主債務者に対する時効中断（改正民法では，時効の完成猶予及び更新）の手続を取ることができなくなった後，保証人が主債務の時効消滅を援用することができるかが問題となります。最判平11・11・9民集53巻8号1403頁（百選89事件）は，免責決定の効力を受ける債権は，債権者において訴えをもって履行を請求しその強制的実現を図ることができなくなり，もはや現行民法166条1項に定める「権利を行使することができる時」を起算点とする消滅時効の進行を観念することができないとしています（第6章第1節第4の4参照）。また，最判平15・3・14民集57巻3号286頁は，会社に破産終結決定がされて法人格が消滅した場合には，これにより会社の負担していた債務も消滅するものと解すべきであり，この場合，もはや存在しない債務について時効による消滅を観念する余地はないとしています。かくして最高裁は，いずれの場合も保証人が主債務の消滅時効を援用することはできないものとしています。

第2　物上保証人への準用（破104条5項）

　開始時現存額主義は，物上保証人（破産者の債務を担保するため自己の財産

90

を担保に供した第三者）が破産手続開始後に債権者に対して弁済等をした場合について，適用されます。また，第1の2記載の求償権者の手続参加についても，物上保証人が破産者に対して将来行うことがある求償権を有する場合における当該物上保証人について適用されます。

次のような事案を想定してみます。

> ホース信用組合は，破産者モンキー食品に対し貸付金（開始決定時の残高1億円）を有しており，青森社長はこの貸付金を被担保債権として自宅不動産つき抵当権が設定していた。青森社長はホース信用組合に対し保証はしていなかった。

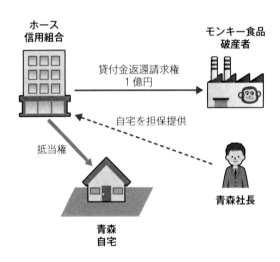

この場合，ホース信用組合はモンキー食品の破産手続において1億円の貸付金について債権届出ができます。青森社長の自宅不動産について競売実行がされ，破産手続開始決定後にホース信用組合が1000万円の競売配当を受けたとしても，ホース信用組合はモンキー食品の破産手続において1億円の債権を行使できます。ホース信用組合が破産手続に参加している場合，青森社長が破産手続に参加し権利行使することはできません。ただし，競売配当により貸付金全額が消滅した場合は別です。

第4章　破産財団と関係者の権利義務関係

第3節

担保権

....

第1　総論

....

1　破産手続における担保権の扱いの基本

(1)　別除権

　破産手続開始の時において破産財団に属する財産につき次の担保権を有する者の権利は，「別除権」として，破産手続によらないで，行使することができます。別除権を有する者を別除権者といいます（破2条10号）。

担保権の種類	別除権となる根拠
特別の先取特権（民321条ほか）[1]	破2条9項，65条1項
質権（民342条以下）	
抵当権（民369条以下）	
商事留置権（商521条等）[2]	破2条9項，65条1項，66条1項
非典型担保等のその他の担保権	上記の類推適用

　担保権には，実体法上，優先弁済効があり，その実現のために，換価権，不可分性[3]，物上代位性が付与されています。破産法はこのような担保権の効力を認めることを原則とします。

1　特別の先取特権とは，動産売買の先取特権（民321条）ほか特定の動産又は不動産についての先取特権をいう（これに対し労働債権（民308条）は一般の先取特権）。
2　商事留置権とは，商法に定められている特別の留置権（商521条等）をいう。民事留置権では，目的物と債権との牽連性が要件であるが，商事留置権は商人間の商取引で生じた債権であれば足り，牽連性は不要。目的物には物のほか有価証券も含まれるが，債務者所有物に限られる。
3　被担保債権全額の弁済を受けるまで，担保権を行使できることをいう（民296条，305条，350条，372条）。

第3節　担保権

破産債権は，原則として，破産手続によらなければ，行使することができない（つまり，破産手続に従い破産配当を受領できるだけ）ことになっていますが（破100条1項），これと異なります。また，会社更生法においては，担保権は，原則として，更生計画に定めるところによらなければ，弁済をしたり，弁済を受けたりすることができない（担保目的財産の時価の範囲内で，更生計画に従い弁済を受けるだけ）ことになっていますが（会更47条1項），これと異なります。

(2) 別除権の行使

「破産手続によらないで，行使することができる」とは，具体的には次のようなことです。

ア　担保実行

民事執行法等の定める担保権の本来の実行方法を行うことができます。破産債権に基づく強制執行等は禁止（破42条1項）されているのと異なります。

(ア)　抵当権であれば，担保不動産競売又は担保不動産収益執行（民執180条）

抵当権に基づく競売の流れ

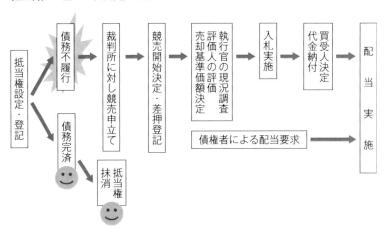

93

第4章　破産財団と関係者の権利義務関係

(イ) 動産売買の先取特権であれば，動産競売（民執190条）

(ウ) 動産質権であれば，動産競売（民執190条）又は鑑定人の評価に従い質物をもって弁済に充てること（民354条）

(エ) 不動産質であれば，抵当権の規定が準用されるため（民361条），抵当権の実行方法と同じ

(オ) 債権質であれば，目的である債権の直接取立て（民366条）又は民事執行法に基づく取立て・転付・換価（民執193条，155条，159条，161条）

(カ) 非典型担保であれば当事者間の合意による実行方法

イ　被担保債権の範囲

　担保権の実行により弁済を受ける場合，当該担保権の実行において本来認められる範囲で弁済を受けることができます。劣後的破産債権であっても含まれますし，充当順位も本来の順位（約定によるか，民法の規定（民488条以下））によります。仮に，担保目的財産の時価に相当する額の弁済を受けたとしても，担保権を抹消する義務を負いません。

ウ　対抗要件の具備は必要

　担保目的財産が破産財団に含まれている場合，別除権が破産手続上その効力を認められるためには，対抗要件の具備が必要です。破産管財人は物権変動における第三者と扱われるからです（第4章第6節第2参照）。

　もっとも，担保目的財産について対抗要件を具備している担保権者に対し，たとえば保証人等の第三者が代位弁済したことにより，当該担保権者が破産者に対し有していた原債権を弁済による代位（民501条）として行使する場合は別です。この場合，民法500条及び501条により，担保権者の有していた原債権とこれを担保するための担保権を法律上当然に取得するので，当該第三者は固有の対抗要件なくして，別除権を行使することができます（後記第2の4(2)エ参照）。

94

第3節　担保権

エ　物上代位

　破産手続の開始によって物上代位権の行使（民304条）も妨げられません。物上代位は担保権者に認められた権限であり（民304条，350条，372条），別除権者は物上代位権を行使することができます。ただし，物上代位権者は，目的物に代わる代金債権の払渡し又は引渡しの前に差押えをしなければなりません（民304条1項ただし書）。

　最判昭59・2・2民集38巻3号431頁（百選55事件　後記第2の3(2)イ参照）は，動産売買先取特権に基づく物上代位を認めています。最決平11・5・17民集53巻5号863頁は，動産の譲渡担保に基づく物上代位を認めています。不動産に係る抵当権の物上代位により当該不動産の賃料を差し押さえることもできます（後出5）。

2　別除権に対し破産管財人ができること

(1)　別除権者の同意を得て任意売却

　実務では，任意売却，すなわち，破産管財人と担保権者で，売却代金からの別除権者の取得分，破産財団への組入額[4]及び売却諸費用の負担を決め，別除権者の取得分の支払により担保権を抹消することを合意した上で，破産管財人が担保目的不動産を第三者に売却することがしばしば行われています[5,6]。これにより，別除権者としては，競売等により担保権を実行するより迅速かつ高価な換価や手続コストの節約を期待できます。他方，破産管財人としては，早期の換価が可能となることで，固定資産税等の費用の圧縮，破産手続の迅速化のメリットがあり，また，担保権者への弁済が多くなればそれだけ破産配当の

---

[4]　破産財団に組み入れられ，配当や財団債権支払の原資となるもの。その額は，破産管財人と別除権者の協議によるが，売却代金の3〜10％，多くは5％程度といわれている（200問149頁）。
[5]　破産管財人が担保目的財産に付された担保権を消滅させることを「受戻し」という。受戻しは裁判所の許可事項である（破78条2項14号）。
[6]　別除権者の同意を得ずに，担保目的財産を担保権の負担付きのまま売却その他の処分をすることも可能である。この場合，別除権は存続する（破65条2項）。

第4章 破産財団と関係者の権利義務関係

対象となる債権額を縮減することもでき、さらに、売却代金の一部を破産財団に組み入れることによって財団の増殖を図ることができます。

(2) 担保権消滅請求制度 (破186条〜191条)

ア 制度の概要

破産管財人が担保目的財産を任意売却する場合に、裁判所の許可を得て当該財産につき存する全ての担保権を消滅させることができる制度が設けられています。代金は裁判所を通して担保権者に配当されますが、代金の一部については破産財団に組み入れることも可能です。

ただし、担保権者は、①所定の期間内に担保権実行の申立てをしたことを証する書面を提出すること、又は②破産管財人の企図する任意売却の額より5％以上高い額の買受けの申出をすることにより、破産管財人の企図する任意売却を阻止することができます。その意味で、別除権に対する制約は少ないといえます。

イ 導入の経緯

前述のメリットから、破産管財人と別除権者との合意で、担保目的財産の任意売却が試みられることが多いのですが、その場合に、本来なら売却代金から全く弁済を受ける見込みのない後順位の別除権者が担保権の消滅に同意するために高額の金銭の支払を要求してきたりして、任意売却自体が阻害されることもあります。

そこで、任意売却を促進することを目的として、担保権消滅請求制度が導入されたものです。

ウ 手続

破産管財人が担保権消滅許可制度を使ったのに対し、担保権者も対抗策を取ったため、奏功しなかった場合を想定して、モデルストーリーで説明します。

破産者岩手の破産管財人が自宅の買い手を探していたところ、

2500万円で購入するという買い手Aが見つかった。破産管財人は担保権者であるドッグ銀行（第1順位），ライオンローン（第2順位）に対し，下記条件の売却を打診し，説得した（破186条2項）。

① ドッグ銀行への弁済 2370万円
② ライオンローンへのハンコ代 5万円
③ 破産財団への組入金（費用を含む） 125万円

ドッグ銀行はこれに同意する意向だったが，ライオンローンは被担保債権全額の支払がなければ抵当権の抹消に応じないと言って，同意が得られなかった。そこで，破産管財人は，売却の相手方を買い手A，売得金の額を2500万円，破産財団への組入金125万円として担保権消滅許可の申立て（破186条1項）をした。この申立書及び売買契約内容を記載した書面は両担保権者に送達された（破186条5項）。

ところが，上記送達から1か月を経過する前に，ライオンローンは破産管財人に対し買受希望者として買い手Bを見つけたとして，同社を買受希望者，買受けの申出額を3400万円（破産管財人の申し出た売得金の額を5％以上上回っている【破188条3項】）とする買受申出をし（破188条1項），同時に買い手Bは680万円の保証金を破産管財人に提供した（破188条5項，破規60条）。破産管財人は，破産法に従い，裁判所に対し，買い手Bに売却する旨の届出をした（破188条8項）。これに対し裁判所は買い手Bを売却の相手方とする担保権消滅許可の決定をした（破189条）。

買い手Bは所定の日までに裁判所に買受申出額（ただし，保証金分は控除）を納付し（破190条1項），破産管財人は預かっていた保証金を裁判所に納付したので（破190条3項），両担保権者の担保権は消滅した（破190条4項）。裁判所書記官は担保権に係る登記の抹消の嘱託を行った（破190条5項）。

納付された売買代金相当額は，優先順位に従い，ドッグ銀行に3300万円，ライオンローンに100万円が配当された（破191条）。破産財団への組入れはなかった。

第4章　破産財団と関係者の権利義務関係

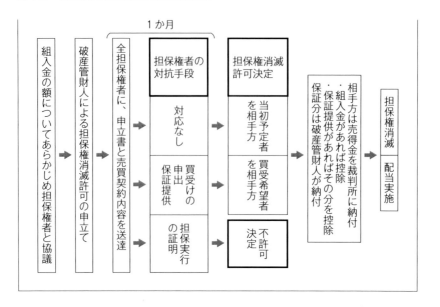

(3) 破産管財人の換価権

　別除権者が自ら別除権を行使せず，また任意売却もできない場合，担保目的財産がいつまでも処分できず，破産財団に課税の負担が生じたり，破産手続の終結ができなかったりすることがあります。このような場合の破産管財人の対応として，破産管財人自身が，不動産等及び特許権等について，民事執行法等により担保目的財産を換価することができます（破184条1項）。別除権者はこれを拒むことができません（破184条2項）。無剰余取消し（民執63条）・無剰余差押禁止（民執129条）の規定[7]は適用されません（破184条3項）。

(4) 別除権者が処分をすべき期間の指定

　非典型担保である所有権留保，譲渡担保等，別除権者が法律に定められた方法によらないで別除権の目的である財産の処分をする権利を

7　民事執行法では，手続費用，上位の債権者の債権等のため，申立債権者に弁済が回らないような場合，そのような無益な執行を認めないのが原則（剰余主義　無剰余換価の禁止）。

有する場合において，担保権者が担保実行をしないときは，（3）の場合と同様に破産事件の円滑な進行を阻害することがあります。そこで，その場合，破産管財人は，裁判所に対し，別除権者がその処分をすべき期間を定めるよう求めることができます（破185条1項）。別除権者が定められた期間内に処分をしないときは，担保を実行する権利を失い（同条2項），破産管財人が換価することになります。ただし，別除権者の優先弁済権は失われません。

(5) 担保目的財産の破産財団からの放棄

担保目的財産の換価が困難である場合，破産管財人は当該財産を破産財団から放棄することもできます（破78条2項12号，破規56条）。破産財団からの放棄とは，破産管財人の管理処分権の対象から除外することを意味します。

担保目的財産が破産財団から放棄された場合でも，担保権が存続しているときは，担保権者は別除権を有するものと扱われます（破65条2項）。

3 別除権者の破産手続への参加（不足額責任主義）

別除権者は，その別除権の行使によって弁済を受けることができない債権の額（別除権不足額）についてのみ，破産債権者としてその権利を行使することができます（破108条1項本文 不足額責任主義）。

別除権者は破産手続外で担保権を実行して回収を図ることができ，また，破産手続に参加して（破産債権の届出をして），破産配当を受けることもできます。しかし，破産の配当は，別除権不足額に対してしか受け取れないということになります。

抵当権者の被担保債権額が1000万円で，不動産競売の配当が300万円であった場合，別除権不足額は700万円ということになり，破産配当が10%なら70万円の破産配当しかもらえないということになります。

第4章　破産財団と関係者の権利義務関係

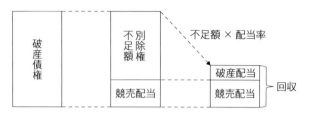

　また，最後配当の除斥期間内に別除権不足額が証明[8]できないときは配当を受領できません（破198条3項）。ただし，根抵当権の被担保債権のうち極度額を超える部分は，証明がなくても別除権不足額と認められることになっています（破196条3項，198条4項）。

4　別除権の放棄

　別除権者が別除権を放棄することがあります。これにより破産債権が担保されないこととなった場合，その担保されない部分は破産債権者として権利を行使することができます（破108条1項ただし書）。破産管財人との合意により被担保債権の範囲を縮減することも考えられますが，破産管財人側から見て配当対象額が増えるだけでメリットがないことが多いので，あまり行われていません。

　別除権を放棄したことによる別除権不足額について配当を受けるには，当該担保権の登記を抹消することまで必要かが問題となりますが，登記を抹消しない限り，競売手続で配当を受ける可能性が残るので，登記を抹消する必要があるものと考えます。

　破産管財人が担保目的財産を破産財団から放棄（前記2(5)参照）した後に，別除権者が当該担保目的財産に係る別除権を放棄する場合，放棄の意思表示は誰に対してすべきか，という問題があります。担保目的財産を破産財団から放棄していますから破産管財人は別除権放棄の意思表示を受ける資格はありません。他方，最決平16・10・1判時

---

[8] 現実に競売や任意売却により担保目的財産が処分され，別除権不足額が確定したことを証明する必要がある。

1877号70頁（百選59事件）は，株式会社の取締役は会社が破産した場合には，会社財産について管理処分権限を失うため，別除権放棄の意思表示を受ける資格がないとしています。したがって，別除権者が別除権放棄の意思表示をするには，裁判所に清算人の選任を申し立てる（会478条2項）ことが必要となります。

5　別除権行使の具体例

たとえば，以下のような事案を想定してみます。

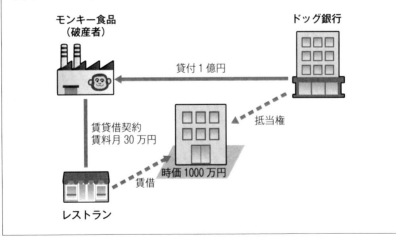

モンキー食品（破産者）は店舗用建物及びその敷地を所有しており，その時価は1000万円程度であった。この土地建物には，ドッグ銀行からの借入金（残高1億円）を被担保債権として抵当権設定登記がされていた。また，この土地建物は，レストランに賃貸されており，その賃料は月30万円だった。

この事案では，抵当権者であるドッグ銀行は，破産手続が開始したとしても，抵当権に基づく不動産競売や収益執行を申し立てることができます（民執180条以下）。すぐには実行せず，値上がりを待って実行することも可能です。また，抵当権に基づく物上代位として破産者の

第 4 章　破産財団と関係者の権利義務関係

レストランに対する賃料請求権を差し押さえることもできます（民372条，304条，民執143条以下，193条）。そして，競売配当や物上代位により取得した賃料を被担保債権にどのように充当するかは，破産法の定める優先順位とは関係なく，民法や契約の定めに従って決められます。

　破産管財人と協力して，店舗用不動産の任意売却を実施し，抵当権抹消と引換えに代金から回収することもできます。破産管財人からの任意売却の提案に対し，応じる義務はありません。破産管財人が当該不動産の時価に相当する1000万円を支払うことを条件に抵当権の抹消を求めたとしても，抵当権者がこれに応じる義務はありません（担保権の不可分性　民372条，296条）。

　抵当権者は，別除権付き破産債権として破産債権の届出を行い，別除権不足額（担保権の行使によって弁済を受けることができない債権の額）について配当を受けることもできます。ただし，この配当を受けるには，最後配当の除斥期間の終了までに別除権不足額を証明する必要がありますから（破198条3項），それまでに担保不動産競売又は任意売却を完了する必要があります。別除権を放棄（破108条1項ただし書）して貸付金の全額に対する破産配当を受けることも考えられます。

第 2　担保権ごとの検討

1　民事留置権

　破産手続開始の時において破産財団に属する財産につき存する留置権（民295条）は，破産財団に対してはその効力を失うこととされています（破66条3項）。したがって，これは別除権とはいえません。

2　商事留置権

(1)　商事留置権の扱い

　商事留置権（商521条，会20条等）は特別の先取特権とみなされる（破

66条1項）ため，別除権です（破2条9項）。したがって，動産に関する
商事留置権であれば動産競売（民執190条），不動産に関する商事留置
権であれば担保不動産競売又は担保不動産収益執行（民341条，民執180
条）ができます。

(2) 商事留置権の優先順位

商事留置権の優先順位は，他の特別の先取特権に後れる（おくれる）
ことになっています（破66条2項）。

同一の不動産[9]について，商事留置権と抵当権が存する場合（たとえ
ば，建物に関し，商事留置権者の占有開始の後，抵当権の設定及び登記があった場合），
その優劣はどのように決めるかが問題となります。東京高決平10・
11・27判時1666号141頁（百選54事件）は「この特別の先取特権とほ
かの担保物権との優劣の関係は，公示制度と，対抗要件の具備により
権利の保護と取引の安定を調和させるとする担保物権の法理により解
決すべきである」として商事留置権の成立と抵当権の登記の先後によ
るとしています[10]。

(3) 商事留置権の留置的効力

商事留置権は特別の先取特権とみなされる（破66条1項）結果として，
なお留置的効力が認められるかについては議論があります。たとえば，
破産債権者である銀行が破産者からその破産前に手形の取立委任を受
けて預かっていた約束手形につき，破産管財人が返還を求めた場合，
銀行はこれを返還しなければならないでしょうか。

9　不動産は，商法521条が商事留置権の目的物として定める「物」に当たる（最判平
29・12・14金判1540号22頁）。
10　このように解すると，抵当権の後順位にさらに不動産の先取特権がある場合には，
商事留置権の転化した特別の先取特権は常に他の先取特権に劣後する（破66条2項）
ことと矛盾する事態が生じることを理由に，常に抵当権が商事留置権の転化した特別の
先取特権に優先するという見解もある（注釈（上）467頁）。

第4章　破産財団と関係者の権利義務関係

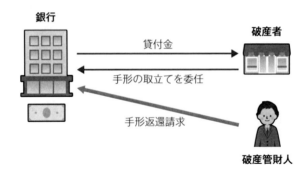

　最判平10・7・14民集52巻5号1261頁（百選52事件）は，手形の上に存在する商事留置権を有する者は，破産手続開始後においても，手形を留置する権能を有し，破産管財人からの手形の返還請求を拒むことができる旨判示しています。この最判の挙げる理由は以下のようなものです。

① 「特別の先取特権とみなす」（破66条1項）という文言は，当然には商事留置権者の有していた留置権能を消滅させる意味であるとは解されない。

② 他に破産によって留置権能を消滅させる旨の明文の規定は存在しない。

③ 商事留置権を特別の先取特権とみなして優先弁済権を付与した趣旨に照らせば，破産管財人に対する関係においては，商事留置権者が適法に有していた手形に対する留置権能を破産によって消滅させ，これにより特別の先取特権の実行が困難となる事態に陥ることを法が予定しているものとは考えられない。

　上記事例の場合，さらに，手形につき商事留置権を有する銀行[11]が，破産決定後に，手形を手形交換制度によって取り立てて被担保債権の弁済に充当することは許されるかも問題となります。

---

[11] 銀行は株式会社であり，その事業としてする行為は商行為であるから（会5条），銀行は商人である（商4条）。相手も商人であれば，その間の取引によって銀行が占有した手形には銀行の商事留置権（商521条）が成立する。これに対し，信用金庫は商人ではないから（最判昭63・10・18民集42巻8号575頁），手形を占有しても商事留置権は成立しない。

第3節　担保権

　上記最判は，債務者が債務を履行しないときは銀行が占有している債務者の手形等を取り立て又は処分して債権の弁済に充当できる旨の銀行取引約定[12]による合意が存在している場合は，銀行による取立て及び弁済充当は許されると判示しています。この判示の理由は以下のようなものです。

① 　民事執行法による担保実行の方法によった場合でも，執行官が手形交換によって取り立てるものであるが，銀行による取立ても手形交換によってされることが予定され，いずれも手形交換制度という取立てをする者の裁量等の介在する余地のない適正妥当な方法によるものである点で変わりがない。

② 　そのため，銀行が手形について，適法な占有権原を有し，かつ特別の先取特権に基づく優先弁済権を有する場合には，銀行が自ら取り立てて弁済に充当し得るとの趣旨の約定をすることには合理性がある[13]。

③ 　当該手形について，他の特別の先取特権のない限り，銀行がこのような処分等をしても特段の弊害がない。

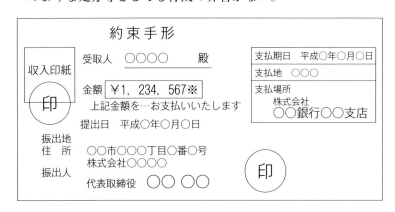

---

[12] 銀行とその取引先が継続的な融資取引を行う場合に共通に適用される約定書。銀行ごとに定めているが，ほぼ共通。
[13] 破産の場合，商事留置権は特別の先取特権とみなされ（破66条1項），優先弁済権が認められる。しかし，民事再生の場合は，そのような規定がない。そのため，民事再生の場合には，同様の事案で，銀行の弁済充当が認められるのか問題となっていたが，最判平23・12・15民集65巻9号3511頁（百選53事件）はこれを認めている。

第4章　破産財団と関係者の権利義務関係

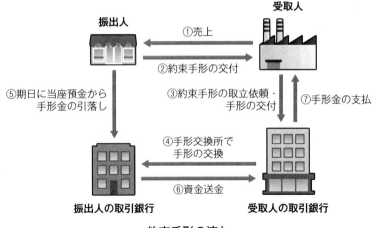

約束手形の流れ

(4) 商事留置権の消滅請求 （破192条）
ア　制度の趣旨

　破産財団に属する加工中の半製品を完成させるために必要な部品や原材料に商事留置権が主張される場合や，季節性のある商品や生鮮品のように時間の経過と共に陳腐化し価格が低下するものに商事留置権が主張されている場合に，被担保債権全額の弁済に代えて，目的物の価額相当額を破産管財人が留置権者に対して弁済することによって留置権を消滅させることが，破産財団ひいては破産債権者の一般の利益に資することになる場合があります。

　そこで，①破産管財人が裁判所の許可を得て破産者の事業を継続している場合に，その事業の継続に必要なものであるとき，②その他当該財産の回復が破産財団の価値の維持又は増加に資するときは，破産管財人は，留置権者に対し，商事留置権の消滅請求をすることができるとされています （破192条1項）。この場合，裁判所の許可を受け （同条3項），目的財産の価額に相当する金銭を弁済しなければなりません （同条2項）。裁判所の許可を得て，消滅請求及び価額相当額の弁済がなされたときは，弁済の時又は消滅請求の時のいずれか遅い時に，商事留置権消滅の効果が生じます （同条4項）。

3 動産売買の先取特権

(1) 動産売買の先取特権実行の要件・手続

　売主が動産を売却し，代金未回収の場合において，当該動産を買主が占有しているときは，売主は当該動産について動産売買の先取特権を有します（民311条5号，321条）。この状態において，買主が破産した場合，売主は破産財団中の当該動産について，動産売買の先取特権を有することになります。これは別除権です（破2条9項）。

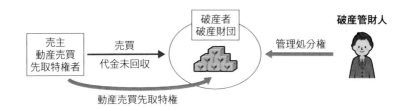

　この動産売買の先取特権は実際にはどのように行使したらよいでしょうか。動産の先取特権の実行としての動産競売は，動産売主（債権者）が以下のいずれかの要件を満たした場合に限り，開始することになっています（民執190条1項）。

① 執行官への動産の提出
② 執行官への動産占有者による差押承諾証明文書の提出
③ 担保権証明文書を提出した債権者の申立てによる執行裁判所の動産競売開始許可決定の決定書謄本の執行官への提出及び債務者への送達

　上記①②は破産管財人の協力がないと満たせませんが，破産債権者一般の利益を考える立場の破産管財人は通常これに協力しないと考えられます。そのため，動産の売主（債権者）は当該動産について動産売買先取特権があることを証明できる文書を執行裁判所に提出することにより③の要件を満たすしかありません。すなわち，目的物を破産者に売却したこと，この代金が未払であること，目的物が破産財団の中にあること等を証明する証拠を揃えて，執行裁判所から動産競売開始

許可決定を得る必要があり，簡単ではありません。実際にもこの手続を取る例は少ないです。

動産競売手続が取られる前に，破産管財人が目的物を第三者に譲渡し，引き渡した場合には，もはや動産売買の先取特権を行使することはできません（民333条）。

(2) 動産売買先取特権の物上代位

ア　民法の物上代位

売主が動産を売却し，買主がこれを転売した場合において，売主の売却代金も，買主の転売代金も未回収のときは，売主は動産売買の先取特権に基づき，買主の転売先に対する転売代金について物上代位権を有します（民311条5号，321条，304条）。

イ　破産となった場合

アの状態において，買主が破産した場合，別除権の行使として，売主は破産財団中の転売代金請求権について，動産売買の先取特権に基づき物上代位をすることができるでしょうか。

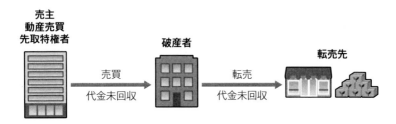

物上代位は担保権者に認められた権限であり（民304条），破産法は担保権を制約しないことを原則とするので（破65条1項），動産売買先取特権者は物上代位権を行使することができます。先取特権者は，その払渡しの前に差押えをしなければならないことになっていますが，破産手続開始を「払渡し」と同視することはできません。動産売買先取特権に基づく物上代位のための差押えの趣旨は，債権の特定性維持にありますが，破産手続開始によってこれが失われることはないし，

第 3 節　担保権

破産手続開始は破産管財人に破産財団の管理処分権を専属させる効果を持つものの，破産者の財産の所有権が譲渡されたということではないからです[14]。

ウ　動産売買先取特権の物上代位の要件・手続

　物上代位権者は，転売先が売掛金債権を破産管財人に支払う前に差押えをしなければなりません（民304条1項ただし書）。その手続は民事執行法193条によります。すなわち，動産売買先取特権に基づく物上代位権の存在を証する文書（目的物を破産者に売却したこと，この代金が未払であること，目的物が転売先に売却されたこと等を証明する証拠）を執行裁判所に提出し[15]，差押決定を受けることが必要です。

4　非典型担保

(1)　非典型担保の扱い

　別除権となる担保権として明文で認められているのは，特別の先取特権，質権，抵当権，商事留置権のみです（破2条9項，66条1項）。しかし，これら以外のものであっても，破産財団に属する特定の財産に関し担保権としての性質を有するもの（非典型担保）は，同様に別除権として処遇すべきであり，別除権に関する規定を類推適用すべきです。そこで，このようなものとして，仮登記担保，所有権留保，譲渡担保（集合動産譲渡担保，集合債権譲渡担保を含む），ファイナンス・リース契約などが別除権と扱われています。

(2)　所有権留保

ア　概要

　売主が目的物の占有を買主に移転しますが，代金完済までは所有権

14　最判昭59・2・2民集38巻3号431頁（百選55事件）参照。
15　納品が中間の転売者をとばして最終ユーザーに直接されているような場合，証明しやすいことがある。

第4章　破産財団と関係者の権利義務関係

を売主に留保する手法です。買主が売買代金債務の履行を遅滞したときに，売主が留保した所有権に基づいて目的物を買主から取り戻し，それを取得又は換価することによって残代金債権の回収を図るものをいいます。

イ　所有権留保の具体例1

たとえば，以下のような事案を想定してみます。

> XがAに対し自動車1台を売却した。代金は毎月5万円ずつ3年間の分割払とすること，所有権は代金完済時に移転すること，自動車登録上の名義はその時点でAに移転すること[16]，それまでの間もAが自由に自動車を使用し，整備や保険等の費用はAが負担することを合意した。Aは1年間代金を払った後，破産した。

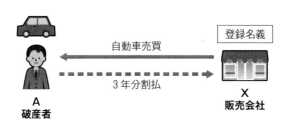

上記の事案では，買主Aが自動車について物的支配権を取得していることから，実質的には売買代金を担保するために，自動車が担保に供されているのと同じであり，自動車に係る留保所有権は，別除権と扱うのが適切と考えられます。最判平22・6・4民集64巻4号1107頁（百選58事件）でも，自動車の留保所有権を別除権と扱っています（ただし，留保所有権者は，対抗要件たる登録なくして，留保所有権を別除権として行使できないと判示している）。

16　登録を受けた自動車の所有権の得喪は，登録を受けなければ，第三者に対抗することができない（道路運送車両法5条1項）。

第3節　担保権

　Xの登録移転義務が未了のため双方未履行双務契約（破53条）とする見解もあり得ますが，代金完済後の登録の移転は担保権の消滅を公示すること（抵当権であれば，被担保債権完済後，抵当権設定登記を抹消すること）と実質的に同じであって双方未履行双務契約の未履行債務と評価できませんし，もし双方未履行双務契約として破産管財人の解除及び既払代金の返還請求を認めることになると，何の非もない売主が不測の損害を受けることとなるので，そのような解釈はバランスを失するものと考えます。

ウ　別除権の実行方法

　売主は，別除権を行使する方法として，約定に基づいて売買契約を解除し，または解除しないで，買主から目的物の引渡しを受けます。引渡し後，売主は，目的物を評価し，評価額が残代金債権を上回っていれば買主に清算金を提供し，下回っていれば，その差額分（別除権不足額）を破産債権として権利行使します。

エ　所有権留保の具体例2

　上記具体例1の当事者に信販会社が加わり，当事者が3者になった以下の事案を想定してみます。

　　Yが販売会社から自動車を購入する際，Yとの契約により信販会社Xが販売会社に代金を立替払し，①その後分割でYからXに対し支払が行われること，②Yが自動車を占有し使用すること，③自動車の登録名義は，YからXへの支払が完了するまで，販売会社のままに留保しておくことが約された。

111

第4章 破産財団と関係者の権利義務関係

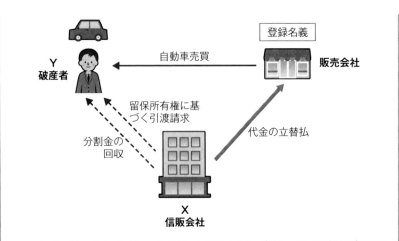

ところが，YからXへの支払が完了する前に，Yが破産手続開始決定を受けたので，XがYの破産管財人に対し別除権行使として留保所有権に基づき自動車の引渡しを求めた。

　最判平22・6・4民集64巻4号1107頁（百選58事件）では，個人再生手続において上記のような事案が問題となりました。この事案では，XがYに請求する債権は，自動車の残代金相当額にとどまらずX固有の手数料をも含んでいたため，弁済による代位（民法501条）として販売会社のYに対する請求権を行使するものではなく，X固有の債権を行使するものと認定されました。そして，そうであれば，留保所有権の対抗要件として，手続開始の時点でXを所有者とする登録がされていることが必要である旨判示し，Xの引渡請求を認めませんでした。
　これに対し，最判平29・12・7金判1533号36頁は，XがYの販売会社に対する代金支払義務（分割債務）を連帯保証した上で，Yの販売会社に対する分割払いが遅滞した後保証履行し，Yに対し弁済による代位（法定代位）として，代金請求権及びこれを担保する留保所有権を代位行使したという事案です。同最判は，この場合Xは，民法500条及び501条により販売会社の代金請求権とこれを担保するための販売会社名義の留保所有権を法律上当然に取得するとして，Xを所有者

とする登録なくして，販売会社から法定代位により取得した留保所有権を別除権として行使することを認めました。

(3) 譲渡担保

ア　概要

　債権を担保するために，債務者（譲渡担保権設定者）所有の目的物の所有権を債権者（譲渡担保権者）に移転する手法をいいます。

　債務者が完済すれば目的物の所有権は債務者に復帰しますが，債務者が債務の履行を怠った場合には，債権者は担保実行として，①目的物の所有権を自己に帰属させた上で，その価額と被担保債権との清算を行う（帰属清算型）か，②目的物を処分した上で，処分代金を被担保債権に充当し清算を行います（処分清算型）。この場合に，債務者が目的物を占有しているときには，債権者は債務者に目的物の引渡しを求めることができます。

　譲渡担保権は，担保権の性質を有していますから，債務者（譲渡担保権設定者）が破産した場合には，別除権と扱われます[17]。

イ　実行の終了時期

　譲渡担保権の担保実行終了時期はいつかが問題となります。担保実行が終了するまでは，破産管財人は被担保債権を弁済して目的物の受戻しを求めることが可能です[18]。

　帰属清算型の場合，実行終了時期は，債権者が清算金の支払又はその提供をした時です。清算金が生じない場合には，譲渡担保権設定者にその旨の通知をした時です[19]。

　処分清算型の場合は，清算金の有無を問わず，債権者が目的物を第

17　最判昭41・4・28民集20巻4号900頁は会社更生の事案であるが，譲渡担保権を担保権としている。

18　民事再生の場合には，担保実行の終了まで，担保権実行中止命令の申立て（民再31条）や担保権消滅許可申立て（民再148条）ができるため，担保実行終了時期をいつと解するかは，さらに重要である。

19　最判昭62・2・12民集41巻1号67頁

三者に処分した時です[20]。

ウ　商業手形担保貸付は別除権か

　商業手形担保貸付とは、銀行等の貸主が貸付けをし、借主がこれを担保するため、額面合計が借入金の額を上回る多数の商業手形を貸主に担保として差し入れるものです。この際、貸主が担保手形を取り立て貸付金の弁済に充当することを認めた上で、譲渡裏書をして貸主に交付します。多数の商業手形をいちいち割り引く手間を省くために行われます[21]。

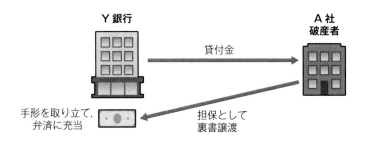

　商業手形担保貸付は実質的には手形割引と同じという評価もあることから、借主が破産した場合、貸主の商業手形に関する権利は別除権かが争われたことがあります。名古屋高判昭53・5・29金判562号29頁（百選56①事件）です。この判決は、商業手形担保貸付は譲渡担保であり、別除権であるとして、その担保する範囲には劣後的破産債権である遅延損害金も含まれる旨判示しています[22]。破産の場合、別除権は手続外行使が可能ですから、別除権であるか否かの主たる違いは、

20　最判昭57・1・22民集36巻1号92頁
21　手形割引とは、売掛金の支払等のために回収した満期前の手形を金融機関・金融業者等の第三者へ裏書譲渡し、満期日までの利息に相当する額や手数料を差し引いた金額で売却することである。回収した手形を満期前に資金化して資金繰りに充てる手段となっている。手形割引依頼人の信用悪化や手形振出人の信用悪化等一定の事由が発生した場合、手形割引依頼人が買い戻す義務を負うことを合意していることが多い。
22　商業手形担保貸付の場合、貸主が担保手形を取り立て被担保債権の弁済に充当することとなっており、借主が担保手形を取り戻すことが予定されていないから、借主に手形に関する支配権があるとはいえないとして、別除権者には当たらないとする見解もある（伊藤492頁）。

劣後的破産債権を手形金から回収できるかどうかという点くらいですが，会社更生の場合，更生担保権の手続外行使はできないので，商業手形担保貸付を更生担保権と見ると，貸主の権利行使が制約されることになります。そのため，会社更生では，商業手形担保貸付の性格をどう解釈するかで，大きな影響が出ます[23]。

(4)　集合動産譲渡担保・集合債権譲渡担保

ア　集合物譲渡担保とは

担保目的財産が特定の目的物ではなく，設定者の現在及び将来の在庫商品や売掛代金債権といった集合物について譲渡担保権を設定するという点に特徴のある譲渡担保です。

集合物に属する個々の動産や債権については，設定者は原則として自由に処分（債権であれば取立てもできる）することができ，処分によってその動産や債権は譲渡担保の効力が及ばなくなりますが，他方で，設定者が新たに取得した動産や債権に対して譲渡担保の効力が及ぶことになります。

イ　集合動産譲渡担保

集合動産譲渡担保設定契約書の条項例

第1条（被担保債権）

本件譲渡担保権により担保される乙の甲に対する債務は次のとおりである。

(1)　極度額　　　　　　○○○円

(2)　債務の範囲

金銭消費貸借取引による債務

第2条（担保目的物）

前条の債務を担保するために，乙は甲のために乙の○○倉庫に存する在庫商品全て（以下「担保目的物」という。）を譲渡担保の目的物とする。

---

[23]　東京地判昭56・11・16判時1024号109頁（百選56②事件）

第4章　破産財団と関係者の権利義務関係

第3条（担保目的物の譲渡）

　乙の○○倉庫に本日保管されている一切の商品について，乙は甲に対して担保目的物としてその所有権を甲に移転し，占有改定により甲に引き渡した。

2　本契約締結以後，商品保管場所に納入，保管される一切の商品についても乙は甲に対して担保目的物としてその所有権を甲に移転し，占有改定により甲に引き渡す。

第4条（担保目的物の処分）

　乙は，担保目的物を通常の取引内容，数量で第三者に売却処分することができる。

(ア)　有効性

　債務者の有する在庫商品のような，その内容が変動する動産を集合物として譲渡担保の対象としたときに，集合動産譲渡担保権が破産手続上別除権とされるためには，そもそもこの譲渡担保が有効である必要があり，そのためには，担保権の効力の及ぶ範囲が特定していなければなりません。構成部分の変動する集合動産については，その種類，所在場所あるいは量的範囲を指定するなどの方法で特定ができると解されています。

(イ)　対抗要件

　別除権を主張するためには，破産手続開始時に対抗要件を具備していることが必要です。集合動産譲渡担保は，動産の所有権移転の形式を取る担保権ですから，その対抗要件は，引渡しすなわち占有の移転です（民178条）。判例・通説は占有改定（民183条）でも引渡しの要件が満たされると解していますが，占有改定による引渡しは，公示機能を有しておらず，外部から認識不可能であるため，破産債権者の利益が害されるおそれがあるとして，この場合はネームプレートなどの明認方法を施すことが必要であると解する見解もあります。

動産及び債権の譲渡の対抗要件に関する民法の特例等に関する法律（以下「動産債権譲渡特例法」）3条所定の動産譲渡登記ファイルに譲渡の登記がなされれば，対抗要件を備えたことになります。

(ウ)　破産の場合に，集合動産譲渡担保の効力の及ぶ範囲

　集合動産譲渡担保設定者が破産した場合において，仮に破産管財人が事業継続（破36条）し商品を仕入れた場合，その商品は集合動産譲渡担保の目的物となり得るかが論じられています。

　破産管財人の仕入れた商品に集合動産譲渡担保の効力が及ぶとした場合，一方でその代金は財団債権となりますから，他の債権者の損失により譲渡担保権者が利得することになってしまいます。そこで，破産手続開始の決定によって担保目的物は固定化し，以後，破産管財人が取得する目的物には，担保権の効力は及ばないとする見解があります（固定化説）。この見解は，破産手続開始決定時を基準に破産財団や破産債権の範囲を画する破産法の原則に親和的でもあります。

　破産の場合には，破産管財人が商品を仕入れること自体がまれですし，破産管財人が集合動産譲渡担保の目的物となり得るリスクを取るとも考えにくいので，実際上問題とはなりにくいのですが，特に民事再生等の再建型手続において，事業継続のために仕入れや担保目的物の処分をする必要があることから，集合動産譲渡担保の効力の及ぶ範囲をどう解するかは深刻です。そのような要請に配慮して，以下のような見解もあります。

①　譲渡担保権者が担保権実行の意思を表明するまでは固定化せず，倒産手続開始後に破産管財人・再生債務者らが取得した財産にも譲渡担保の効力が及び，反面破産管財人・再生債務者らはすでに集合物に組み入れられている動産について処分権を有するとする説。

②　倒産手続開始決定によって担保目的財産は固定化しないが，譲渡担保権者が倒産手続開始時に担保として把握しているのは，

第4章　破産財団と関係者の権利義務関係

　倒産手続開始決定時の財産の価値の範囲であって，破産管財人・再生債務者らが新たに取得した財産に譲渡担保の効力は及ぶべきではないことから，手続開始の決定時の価値枠で固定するとする説。

ウ　集合債権譲渡担保

集合債権譲渡担保契約の条項例

第1条（譲渡担保）

　譲渡人は，譲受人に対する平成○年○月○日付金銭消費貸借契約に基づく債務（以下「被担保債務」という）の担保として，譲渡人が有する下記債権を譲受人に譲り渡す。

記

　○○（以下「第三債務者」という）に対し現在有する売掛債権（譲渡人と第三債務者の間の○○契約に基づく債権をいう）及び本契約締結日から1年間に取得する一切の売掛債権並びにこれらに付随する債権（以下総称して「譲渡債権」という）

第2条（債権譲渡登記）

　譲受人及び譲渡人は，前条に基づく債権譲渡後直ちに動産及び債権の譲渡の対抗要件に関する民法の特例等に関する法律に定める債権譲渡登記の申請を，共同して行うものとする。

第3条（取立委任）

　譲受人は，譲渡債権の取立てを譲渡人に委任するものとし，譲渡人はこれを異議なく承諾する。ただし，譲受人は，この取立委任を譲渡人の意思に関係なく，任意に解除することができる。

(ア)　有効性

　特定の発生原因に基づいて継続的に生じる債権につき譲渡担保を設定することがあります。将来生じる債権もそれが特定している限り，譲渡担保の対象となります（改民466条の6）。

第3節　担保権

（イ）　対抗要件

　別除権を主張するためには，破産手続開始時に対抗要件を具備していることが必要です。集合債権譲渡担保は，債権譲渡の形式を取る担保権ですから，その対抗要件は，確定日付ある証書による通知又は承諾です（民467条2項）。動産債権譲渡特例法4条所定の債権譲渡登記ファイルに譲渡の登記がなされれば，対抗要件を備えたことになります。

（ウ）　破産手続開始決定後に生じた債権に担保権の効力が及ぶか

　たとえば特定の取引先に対する商品の売掛代金債権に譲渡担保を設定し，設定者である債務者が取立権を有し，回収と新規の債権の発生を繰り返す場合，破産手続開始決定後に，破産管財人が商品を当該取引先に売却して新規に売掛代金債権が発生したときは，この債権にも譲渡担保の効力が及ぶか否かが問題となります。この点については，前述の集合動産譲渡担保の場合と同様に説が分かれています。

(5)　ファイナンス・リース契約

ア　定義

　リース契約に基づくリース期間の中途において当該リース契約を解除することができないもの又はこれに準ずるもので，当該リース契約により使用する物件（以下「リース物件」という）の借主が，当該リース物件からもたらされる経済的利益を実質的に享受することができ，かつ，当該リース物件の使用に伴って生じる費用等を実質的に負担することとなるもの[24]をいいます。

ファイナンスリース契約書の条項例

第1条　レッサーは，○○から後記物件（以下「リース物件」という）を購入し，これをユーザに対し賃貸（リース）し，ユーザはこれを借り受ける。

---

[24]　最判平20・12・16民集62巻10号2561頁の田原睦夫裁判官の補足意見

第4章　破産財団と関係者の権利義務関係

> 第2条　リース料は月額金〇〇円とし，ユーザは，毎月末日までに翌月分を
> レッサーの指定する銀行口座に振込送金して支払う。
>
> 第3条　リース期間は，平成〇年〇月〇日から平成〇年〇月〇日までの〇年
> 間とする。
>
> 2　本リース契約は，リース期間中は解約することができない。
>
> 第5条　ユーザは，その責任と費用負担において，リース物件について部品
> 交換，修繕，その他の保守管理を行うものとする。
>
> 第8条　ユーザは，次の各号の一に該当する場合，何らの通知催告を要せず，
> 直ちに期限の利益を失い，残リース期間のリース料全額を直ちにレッ
> サーに支払うものとする。
>
> ①　ユーザが，本契約の条項に違反したとき
>
> 以下省略

イ　性質

　ファイナンス・リース契約は一見賃貸借ですが，解除不可でかつ当
該リース物件の代金や使用に伴って生じる費用等を借主が実質的に負
担することとなる（＝フルペイアウト）から，借主がリース物件相当額の
資金を借り入れて，リース期間に相当する期間で分割返済する金融取
引と実質的に同じ取引であり，「リース物件は，リース料が支払われ
ない場合には，リース業者においてリース契約を解除してリース物件
の返還を求め，その交換価値によって未払リース料や規定損害金の弁
済を受けるという担保としての意義を有する」[25] と解されます。

　したがって，破産手続において，リース料債権は別除権付き債権と
扱うべきです。

ウ　担保目的物は何か

　リース物件自体を担保目的物とする見解（物件説）とリース物件の利
用権を担保目的物とする見解（利用権説）[26] があり，後者が現在の通説
です。

---

[25]　最判平20・12・16民集62巻10号2561頁（百選76事件）

第3節　担保権

エ　双方未履行の双務契約に関する破産法 53 条の適用の有無

　リース契約においてリース物件に関する支配は最初にユーザに移っており，リース業者の負う目的物件を使用収益させる義務は，破産法 53 条適用の前提となる未履行の債務とはいえないので，リース契約は双方未履行契約とはいえないと考えます。

オ　別除権の実行方法

　リース契約に定められた解除権の行使により，目的財産を引き上げ，その後に清算がされます。弁済を受けられなかった残債権は破産債権 (別除権不足額) となります。

　担保実行の完了がどの時点かが問題となります。破産では議論の実益はあまりありませんが，民事再生の場合には，担保実行の終了まで，担保権実行中止命令の申立て (民再 31 条) や担保権消滅許可申立て (民再 148 条) ができるため，担保実行終了時期をいつと解するかは重要です。大阪地決平 13・7・19 判時 1762 号 148 頁 (百選 62 事件) は，リース契約解除の意思表示をもって別除権実行完了と解しています。しかし，リース物件を現実に引き上げ処分しない限り，担保目的物の価値により優先弁済を受けたことにはならないので，それまでは担保権実行は完了しないものと考えることもできるように思われます。

26　通常のファイナンスリース契約では，リース期間分のリース料の支払を終えても，リース物件の所有権は貸主に残っている。つまり，借主が取得しているのは，利用権のみであり，担保実行により貸主が取得するもの (担保目的物) も利用権であるという考え (大阪地決平 13・7・19 判時 1762 号 148 頁 (百選 62 事件) 参照)。

121

第4章　破産財団と関係者の権利義務関係

第4節

取戻権

第1　一般の取戻権

1　基本的事項

　破産者が破産手続開始の時において有する一切の財産は，破産財団とされ（破34条1項），その管理処分権は破産管財人に専属します（破78条1項）。しかし，破産手続の開始は，破産者に属しない財産を破産財団から取り戻す権利に影響を及ぼさないとされています（破62条）。取戻権とは，その目的物が破産財団に属さないことを主張する権利のことをいいます（具体例は第1章6）。

2　取戻権の基礎となる権利

　取戻権の基礎となる権利については，破産法に一般的な規定はありません。民法・商法その他の実体法上，そのような権利があるかどうかにより決められます。取戻権の基礎となる権利の典型は，所有権（民206条）ですが，地上権・永小作権などの目的物の占有を権利の内容とする用益物権や占有権及び質権のような占有を伴う担保物権も，取戻権の基礎となり得ます。対象財産が破産者の受託した信託財産[1]である場合，その財産は取戻権の対象となります（後記4）。破産者に

1　信託とは，信託契約その他の方法により，特定の者が一定の目的（専らその者の利益を図る目的を除く）に従い財産の管理又は処分及びその他の当該目的の達成のために必要な行為をすべきものとすることをいい（信託法2条1項），信託財産とは，受託者に属する財産であって，信託により管理又は処分をすべき一切の財産をいう（同条3項）。

対し，破産手続開始前の原因に基づいて生じた財産上の請求権は，原則として破産債権となり（破2条5項，148条），一般的に取戻権の基礎とはなりませんが，転貸人が転貸借の終了を理由に，転借人（破産者）に対して有する目的物の引渡請求権のように，債権的請求権が取戻権の基礎となることもあります。

取戻権の有無の判定時期は，破産手続開始決定時ではなく，行使の時です。双方未履行双務契約の解除や詐欺取消権の行使等により，破産手続開始決定後に取戻権が生じることもあります。

3　対抗要件の要否

破産管財人は，差押債権者類似の地位に立つので，原則として対抗問題上の第三者に当たります（詳細は第4章第6節第2）。そのため，取戻権を主張するには，原則的に，対抗要件を具備することが必要です。

4　対象財産の特定性

取戻権を行使するには対象財産が特定されることが必要です。そのため，対象財産が不特定物や金銭の場合，通常取戻権は認められません。

取戻権の対象と主張されているものが破産者名義の預金の場合には，他の預金と分別管理（固有の財産と分けて管理すること）されていないのであれば，取戻権を認めることはできません。また，有価証券の場合も，分別管理されているか，その他の事情により取戻権の対象が特定できるのでなければ，取戻権を認めることはできません。

信託（信託法2条1項）の場合，分別管理の方法について規定があります（信託法34条1項）。金銭の場合，計算を明らかにする方法で足り，物理的な分別を要しないので，これに従い破産者に信託された金銭については，委託者に取戻権があると考えられます。

第4章　破産財団と関係者の権利義務関係

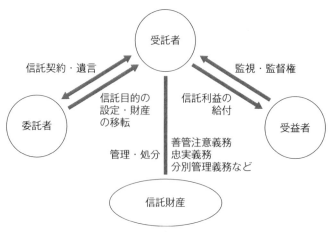

参考：一般財団法人信託協会ウェブサイト

5　取戻権が問題となった事案

(1)　証券会社（問屋）が破産した場合における顧客（委託者）の権利

　最判昭43・7・11民集22巻7号1462頁（百選49事件）は，問屋[2]である証券会社が，客の委託の実行として株式を取得した後，この株式を客に権利移転する前に破産手続開始決定を受けた場合，客は証券会社の破産管財人に対し当該株式の引渡しを求めることができるかが問題になった事案です。言い換えれば，客は当該株式について取戻権を有するかということです。

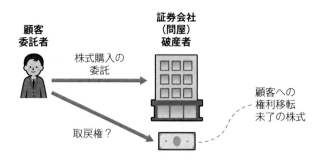

2　問屋（といや）とは，自己の名をもって他人のために物品の販売又は買入れをすることを業とする者をいう（商551条）。

第 4 節　取戻権

　上記最判は，問屋が権利を取得した後これを委託者に移転しない間に破産した場合，委託者はその権利につき取戻権を行使し得ると判示しています。その理由として，①問屋が取得した権利は委託者の計算において取得されたもので，これにつき実質的利益を有する者は委託者であること，②問屋は，自己の名においてではあるが，他人のために物品の販売又は買入れをなすことを業とするものであることに鑑みれば，問屋の債権者は問屋が委託の実行としてした売買により取得した権利についてまでも自己の債権の一般的担保として期待すべきではないことを挙げています。

　上記最判は，問屋の経済的実質を重視しているものと思われますが，目的物が特定しているのか疑問のあるところであり，意見が分かれるものと思われます。

(2)　離婚した夫婦の一方が破産した場合における他方の財産分与請求権

　最判平 2・9・27 判時 1363 号 89 頁（百選 50 事件）は，夫から妻に対し離婚における財産分与として金銭の支払を命ずる判決が確定した後に夫が破産し，妻が夫の破産管財人に対し，財産分与の履行を求めた事案です。妻が金銭的な財産分与について取戻権を主張できるかが問題となったものです。

　同最判は，財産分与金の支払を目的とする債権は破産債権であって，分与の相手方は，この債権の履行を取戻権の行使として破産管財人に請求することはできないと判示しました。その理由として，離婚における財産分与は，分与者に属する財産を相手方へ給付するものであるため，金銭の支払を内容とする財産分与を命ずる裁判が確定したとしても，分与の相手方は当該金銭の支払を求める債権を取得するにすぎず，債権の額に相当する金員が分与の相手方に当然帰属するものではないからであると判示しています。

　夫婦が離婚するに当たって，配偶者の一方が他方に対して行う財産分与（民 768 条 1 項，771 条）には，①実質上の共同財産の清算分配と②

125

第4章　破産財団と関係者の権利義務関係

離婚後における相手方の扶養を内容とし，③離婚による慰謝料の要素を含めることも妨げられないと解されています。実質上の共同財産の清算分配という側面を重視し，財産分与により元配偶者の潜在的共有持分が顕在化したものと捉えれば，これは分与者の破産手続開始によって影響を受けるべき性質のものではないから，取戻権の基礎となるとする考え方もあり得るところです。しかし，こう考えると，分与者（破産者）の財産に元配偶者の持分が含まれていることは，外部からは分かりにくく，分与者（破産者）の財産の外観を信じて信用供与をした債権者に不測の不利益を強いることにもなり得ますので，上記最判は妥当と考えます。

⑶　特定目的の預金口座の名義人が破産した場合における当該預金

最判平 14・1・17 民集 56 巻 1 号 20 頁（百選 51 事件）は，以下のような事案です。

> 　A 県から公共工事を請け負った B 建設会社は，保証事業会社 Y1[3] の保証の下に A 県から前払金の支払を受けることとなり，Y1 の業務委託先である Y2 信用金庫に設けた前払金保管のための専用口座に前払金の送金を受けた。A 県と B との請負契約には前払金を工事の必要経費以外に支出してはならないことが定められ，また，B・Y1 間の前払金保証約款には，前払金が Y1 の業務委託先金融機関の別口普通預金として保管されなければならないこと，預金の払戻しについて当該金融機関に適正な使途に関する資料を提出してその確認を受けなければならないこと等が規定されていた。その後 B が破産し，Y1 は保証履行したため，前払金返還請求権を取得した。B の破産管財人は Y2 に対し預金の払戻しを求めたが，Y2 は Y1 との契約により Y1 の承諾がない限り

3　「公共工事の前払金保証事業に関する法律」に基づく保証事業会社

払戻しに応じないと主張した。

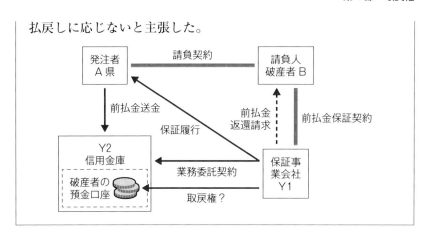

　同最判は，A県とB社との間で，Aを委託者，Bを受託者，前払金を信託財産とし，これを当該工事の必要経費の支払に充てることを目的とした信託契約が成立したと解しました。そして，これを保管した預金は，Bの一般財産から分別管理され，特定性をもって保管されており，これにつき登記，登録の方法がないから，登記・登録がなくても，Aは，第三者に対して，本件預金が信託財産であることを対抗することができ（現行信託法14条参照），信託財産である本件預金はBの破産財団に組み入れられることはないと判示しました。破産者名義の預金であっても，分別管理や特定性の状況によっては，信託と評価し，預金につき実質的に権利を有する者の取戻権を認め得るということと思われます。

　上記事案のほかに，破産の事案ではありませんが，預金の帰属が問題になったものとして，最判平15・2・21民集57巻2号95頁（損害保険代理店が保険契約者から収受した保険料のみを入金する目的で開設した預金が預金の名義人である損害保険代理店に帰属するとされた事案），最判平15・6・12民集57巻6号563頁（債務整理事務の委任を受けた弁護士がその処理目的で委任者から受領した金銭を預け入れるために弁護士の個人名義で開設した預金が名義人である弁護士に帰属するとされた事案）があります。いずれも，口座の名義人が預金通帳・届出印を管理，預金の出し入れを行っていたことを理由として，預金は口座名義人に帰属すると判示しています。これらを考える

第4章　破産財団と関係者の権利義務関係

と，口座名義人が預金の払出しにつき制約を受けているなど，分別管理が相当厳格になされていないと，破産者名義の預金につき取戻権は認められないと考えます。

第2　特別の取戻権

　一般の取戻権（破62条）のほか，破産法上，以下の取戻権が認められています。

1　運送中の物品の売主等の取戻権（破63条）

(1)　売主の取戻権

　①売主が売買の目的である物品を買主に発送した場合において，②買主がまだ代金の全額を弁済せず，かつ，③到達地でその物品を受け取らない間に，④買主について破産手続開始の決定があったときは，売主は，その物品を取り戻すことができます（破63条1項）。ただし，買主の破産管財人が代金の全額を支払ってその物品の引渡しを請求することもできます（同項ただし書）。これらを，双方未履行双務契約（破53条1項・2項）として処理することも可能です（破63条2項）。

(2)　問屋（商551条）の取戻権

　物品の買入れの委託を受けた問屋がその物品を委託者に発送した場合について準用されます。

2　代償的取戻権（破64条）

　破産者（保全管理人が選任されている場合にあっては，保全管理人）が破産手続開始前に取戻権の目的である財産を譲り渡した場合には，当該財産について取戻権を有する者は，反対給付の請求権（＝転売代金の請求権等）の移転を請求することができます（破64条1項第1文）。破産管財人が取

128

第 4 節　取戻権

戻権の目的である財産を譲り渡した場合も，同様です（同項第2文）。破産管財人が反対給付を受けたときは，この取戻権を有する者は，破産管財人が反対給付として受けた財産の給付を請求することができます（同条2項）。

　たとえば，破産者が他者から預かっていた物品を，破産手続開始前に無断で売却した場合，あるいは破産管財人が知らずに売却した場合は，当該他者は破産管財人に対し転売代金債権の移転を請求できるということになります。すでに破産管財人が代金を回収していた場合には，破産管財人に対し代金相当額を財団債権として請求できることになります[4]。しかし，破産者が破産手続開始前に代金を回収していた場合は，破産法64条による保護を受けられる場合に当たらないので，当該他者は不当利得返還請求権又は損害賠償請求権を破産債権として行使できるだけです。

　破産者が販売委託契約の受託者として商品を販売した場合のように，取戻権の目的物を譲渡することが破産者の権限内である場合も本条が適用されるのか議論されています。本条は，取戻権者がその意思に反して取戻権を行使できなくなった場合の代償を与えることを目的としており，破産者による取戻権の目的物の譲渡を取戻権者が承認している場合には，適用がないものと考えます。

---

[4]　破産法64条2項が適用されるのは反対給付が特定できる状態で破産財団中に現存する場合。反対給付が金銭であって特定性がない場合には，同項の適用はない。しかし，破産財団に不当利得が生じており，これは破産手続開始後に生じたものなので，財団債権として権利を行使できる（破148条1項4号・5号）。

129

第4章　破産財団と関係者の権利義務関係

第5節 破産管財人の管理処分行為に基づかない法律行為の効力

　破産手続開始後の破産財団に関する管理処分権は破産管財人に専属します（破78条1項）。そのため，破産手続開始後に，破産財団に関し，破産管財人の管理処分権に基づかずに権利義務等の変動が生じた場合，以下のとおりその効力が制限されることがあります。

第1　破産者のした法律行為

　破産者が破産手続開始後に破産財団に属する財産に関してした法律行為は，破産手続との関係においては，効力を主張できません（破47条1項）。破産開始決定日の行為は開始後の行為と推定されます（破47条2項）。

第2　破産者の法律行為によらない権利取得

　破産手続開始後に破産財団に属する財産に関して破産者の法律行為によらないで権利を取得しても，その権利の取得は，破産手続との関係においては，効力を主張できません（破48条1項）。たとえば，取引先等の破産債権者が，破産手続開始後に破産財団に属する商品を第三者から受領した場合，当該破産債権者は破産管財人に対し商事留置権（商521条）を主張することはできません。

　他方，通説によれば，時効取得，善意取得，附合・混合・加工等破産者の管理処分権の有無を問わない権利取得には適用がないとされています。この条項が適用される範囲を区別する基準については，種々議論があります。

　「破産者の法律行為によらない権利取得」に該当するかが問題に

なった事案として、最判昭54・1・25民集33巻1号1頁（百選73事件）があります。以下のような事案です。

A所有の土地建物が転貸自由との特約付きでBに賃貸され、特約も含め賃借権の登記がなされた。その後、Aは破産したが、破産後Bは当該土地建物をYに転貸した。Aの破産管財人は、Yの転借権の取得は「破産者の法律行為によらないで権利を取得」（破48条1項）したものであるから、破産手続との関係で効力を主張できないとして、Yに明渡しを求めた。

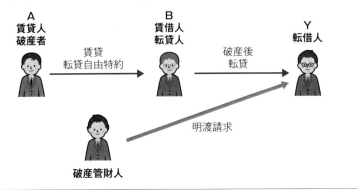

上記最判は、破産時に破産者所有の不動産につき対抗力ある賃借権がある場合、破産後にこれが転貸されたとしても、特段の事情のない限り、転借人の転借権取得は、破産者の法律行為によらない権利の取得に該当しないと判示しました。なぜなら、賃借権の負担のある不動産は、その状態で破産財団を構成し破産債権者の共同担保となるものであり、これが転貸されたとしても、目的不動産に新たな負担又は制限を課するものではなく、破産財団の不利益となるものではないからです。

第3　開始後の登記及び登録の効力

破産手続開始前に生じた登記原因に基づき破産手続開始後にされた

第4章　破産財団と関係者の権利義務関係

登記又は1号仮登記[1]は，破産手続の関係においては，その効力を主張することができません（破49条1項本文）[2]。登録・仮登録についても同様です（同条2項）。したがって，たとえば破産者が破産前に不動産を譲渡し，破産手続開始後に所有権移転登記がなされた場合，譲受人は所有権移転登記の効力を破産管財人に主張することができず，物権変動（民177条）における第三者の地位にある破産管財人に対し所有権取得を対抗できないことになります。

ただし，破産の事実を知らないでした登記等は効力を主張できます（破49条1項ただし書，2項）。善意の登記権利者を保護するものです。

破産公告の前においてはその事実を知らなかったものと推定し，当該公告の後においてはその事実を知っていたものと推定します（破51条）。

第4　破産者に対してした弁済

破産手続開始後に，その事実を知らないで破産者にした弁済は，破産手続の関係においても，その効力を主張できます（破50条1項）。本来，破産財団に関する管理処分権のない破産者に対する弁済は，破産手続の関係において無効のはずですが，債権の準占有者に対する弁済（民478条）の場合と同様，善意の弁済者を保護する趣旨です。破産法人の代表者に対する弁済は，ここにいう「破産者にした弁済」に当たるものと考えます[3]。

1　仮登記とは，将来なされる本登記の順位を事前に確保しておくためになされる登記である。仮登記自体には，民法177条の規定する対抗力はないが，後日，本登記をすることで仮登記から本登記までの間に生じた第三者の権利の登記を自己の権利と抵触する範囲で否定することができる。そのうち1号仮登記とは，不動産登記法105条1号の定めるものであり，実体法上の権利変動が生じているものの，たとえば登記識別情報通知書など，申請に必要な添付情報を法務局に提供できない場合になされるものである。
2　もっとも，法人の場合，商業登記簿に破産手続開始の登記がなされ（破257条），個人の場合，破産財団に属する不動産に破産手続開始の登記がなされ（破258条），破産者を登記義務者とする登記はできなくなるから，破産手続開始後に破産管財人の同意のない登記がなされることは少ない。
3　伊藤373頁注43

第5節 破産管財人の管理処分行為に基づかない法律行為の効力

　しかし，破産の事実を知って破産者にした弁済は，破産財団が受けた利益の限度においてのみ，効力を主張できます（破50条2項）。

　この場合も，破産公告の前においてはその事実を知らなかったものと推定し，当該公告の後においてはその事実を知っていたものと推定します（破51条）。

第4章　破産財団と関係者の権利義務関係

第6節

破産管財人の地位

第1　基本的事項

　破産管財人は，破産者の地位を承継しているという面もあります。これを重視すると，かつての破産者代理説につながります。しかし，破産管財人には，破産債権者の利益を代表しているという面もあります。これを重視すると，かつての破産債権者代理説につながります。さらには，破産管財人には地域社会の環境等の公益を守る立場もあるという見解もあり得ます。

　別の角度からの見方として，破産財団に係る権利義務との関係で，その主体（当事者）だとする見方，破産財団という法人の代表者だとする見方（破産財団代表説），破産財団について管理処分権を行使する独立の管理機構だとする見方（管理機構人格説）が考えられます。

　現在有力な見解は，破産財団について管理処分権を行使する独立の管理機構として法人格を有するものと破産管財人を位置付けています（管理機構人格説）。破産管財人は，破産法の目的（破1条「債権者その他の利害関係人の利害及び債務者と債権者との間の権利関係を適切に調整し，もって債務者の財産等の適正かつ公平な清算を図る」）を実施する主体であり，さまざまな利害関係人のうちの一部のみの利益を代表していると考えることはできません。破産管財人は，そのような立場にある，破産財団の管理機構だと考えるべきものと思われます。

　破産管財人の法的地位をどのように考えるかが，破産手続開始前の法律行為の効力等に関する解釈を分けることがあります。破産管財人を破産者の地位を承継した者とのみ捉えるのは片面的な見方であり，たとえば，破産管財人が物権変動における第三者に当たるかという問題については，破産管財人が破産債権者の利益を代表する立場をも有

134

していることを理由に，第三者性を有すると考えられています。

第2　物権変動における破産管財人の地位

　判例は，破産管財人は物権変動（民177条）において差押債権者と同視され「第三者」に当たるとしています。

　最判昭48・2・16金法678号21頁（百選17事件）は，借地権に関する破産管財人の第三者性が問題となった事案です。

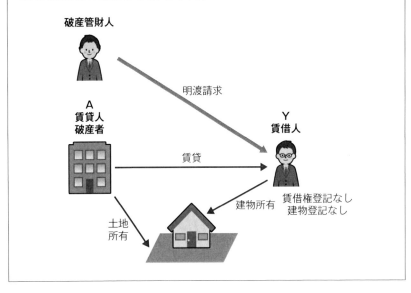

　YはAから建物所有目的で土地を賃借し，建物を建築したが，賃借権の登記又は建物の所有権保存登記（借地借家10条1項参照）のいずれも備えていないうちに，Aが破産し，破産管財人がYに建物収去土地明渡しを請求した。

　上記最判は，破産管財人は，破産者の代理人又は一般承継人ではなく，破産債権者の利益のために独立の地位を与えられた破産財団の管理機関であるから，対抗要件なくして土地賃借権を対抗できない「第三者」[1]に当たるので，Yは土地賃借権を破産管財人に主張できない

第4章　破産財団と関係者の権利義務関係

旨を判示しています。

最判昭58・3・22判時1134号75頁（百選18事件）は，指名債権譲渡における破産管財人の第三者性が問題となった事案であり，以下のような事案です。

> A社は，A社の事業廃止を停止条件としてA社のY社に対する売掛金をZ社に譲渡したところ，A社が事業廃止をしたので，A社名義でこの売掛金をZ社に譲渡した旨簡易書留（内容証明郵便ではない）で通知した。その後，A社は破産し，破産管財人はYに売掛金の支払訴訟を起こし，Zが自分への支払を求めて独立当事者参加した。

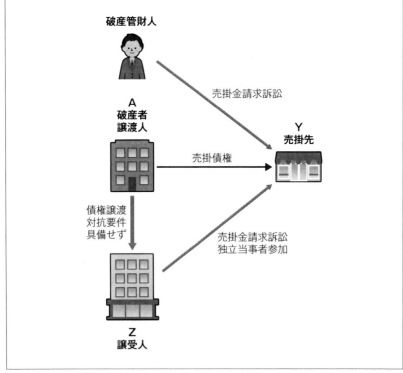

1　当時の建物保護ニ関スル法律1条。現在の借地借家法10条1項。

上記最判は，指名債権の譲渡を受けた者は，譲渡人が破産した場合，民法467条2項所定の対抗要件を具備しない限り，債権譲受けをもって破産管財人に対抗し得ない旨を判示しています。

第3　第三者保護規定における破産管財人の地位

通謀虚偽表示，詐欺による取消し，契約解除において第三者の保護が問題になる場面において，破産管財人は「第三者」に該当するかが問題となります。

破産管財人は通謀虚偽表示に関し民法94条2項によって保護される第三者に該当するかが問題となった最判昭37・12・13判タ140号124頁は，破産管財人は，「破産債権者全体の共同の利益のためにも，善良な管理者の注意を以てその職務を行わねばならぬ者であるから，」民法94条2項によって保護される第三者に当たる旨判示しています。

近時は，詐欺による取消しについてだけは，被害者保護を優先し差押債権者や破産債権者は第三者とはいえないとする見解がありますが，他の場合と区別できるかは，意見の分かれるところです[2]。

第三者が保護を受けるために第三者の「善意」が要件となる場合，誰の主観を基準に判断すべきか問題となります。上記最判では，破産管財人を善意と認定しています。すなわち，「善意」かどうかを，破産管財人を基準に判定しています。学説では，破産管財人が破産債権者の利益代表であることを考慮すると，破産債権者を基準とするのが妥当であるとする見解もあります。この見解による場合，破産債権者の中に1人でも善意者がいれば，破産管財人はその地位を援用できると解することになると思われます。

2　伊藤362頁

第4章　破産財団と関係者の権利義務関係

第4　不法原因給付の返還請求における破産管財人の地位

　民法上不法原因給付の返還請求は原則できないことになっていますが（民708条），破産管財人も同じ制約を受けるのかが問題となります。これが問題となったのが最判平26・10・28民集68巻8号1325頁です。

> 　A社は法律に違反する無限連鎖講[3]に該当する事業を営んでおり，Yはその事業に関与し多額の配当金を受けた。その後A社は破産し，破産管財人は，Yの受領した配当金は法的原因のないものとして，Yに不当利得返還請求をした。これに対し，Yはこの配当金は不法原因給付（民708条）に当たるから返還を求めることはできないと抗弁した。

　上記最判は，被害者である他の会員の損失の下にYが不当な利益を保持し続けることは是認できず，Yが，配当金の給付が不法原因給付に当たることを理由としてその返還を拒むことは，信義則上許されない旨を判示しています。この最判は，不法原因給付における給付者の債権者が債権者代位によって返還請求することは民法708条により認められない旨を判示した判例（大判大5・11・21民録22輯2250頁）があることを意識し，破産管財人が破産債権者の利益のために独立の地位を与えられているというだけでは，民法708条の適用を否定する理由とはならないと考え，信義則の観点から検討したものではないかと思われます。

3　無限連鎖講の防止に関する法律3条により禁止されている。

第5　破産管財人の源泉徴収義務

　所得税法は，弁護士の業務に関する報酬，雇用関係に基づく退職手当について，その支払をする者に所得税の源泉徴収義務を課しています。最判平23・1・14民集65巻1号1頁（百選20事件）では，破産管財人が破産財団から①自らの報酬を支払う場合，②破産会社のもと従業員に退職手当（優先債権）の配当をする場合，源泉徴収義務を負うかが問題となりました。

　同最判は，弁護士の業務に関する報酬，雇用関係に基づく退職手当について，その支払をする者に所得税の源泉徴収義務を課しているのは，その支払をする者がこれを受ける者と特に密接な関係にあって，徴税上特別の便宜を有し，能率を挙げ得る点を考慮したことによると判示しました。その上で，①破産管財人の報酬については，破産管財人が，自ら行った管財業務の対価として，自らその支払をしてこれを受けるのであるから，破産管財人に源泉徴収義務があるとしました。しかし，②退職手当の配当については，破産管財人と労働者との間に，使用者と労働者との関係に準ずるような特に密接な関係があるということはできないし，また，破産管財人は，源泉徴収をすべき者としての地位を破産者から当然に承継するわけではないことから，源泉徴収義務を負わないと判示しました。

第4章 破産財団と関係者の権利義務関係

第7節

破産者の
契約関係の整理

第1 双方未履行双務契約に関する規律

1 基本的事項

(1) 双方未履行双務契約に関する破産管財人の権限

　双務契約について破産者及びその相手方が破産手続開始の時において共にまだその履行を完了していないときは，破産管財人は，a契約の解除をし，又はb破産者の債務を履行して相手方の債務の履行を請求することができます（破53条1項）。

　破産管財人がa解除を選択した場合，破産管財人は相手方に対し原状回復請求することができます（民545条）。他方，相手方の損害賠償請求権は破産債権となります（破54条1項）。相手方は，破産者の受けた反対給付が破産財団中に現存するときは，その返還を請求することができます（破54条2項前段）。現存しないときは，その価額について財団債権者として権利行使することができます（破54条2項後段）。

　破産管財人がb履行を選択した場合，相手方の履行請求権は財団債権となります（破148条1項7号）。

(2) 具体例

　土地売買契約を締結し，同時に買主が手付金を支払い，後日残金の支払と土地引渡し・所有権移転登記を同時に行う予定でいたところ，買主が破産したとします。

140

第7節　破産者の契約関係の整理

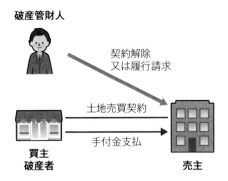

　売買契約は「双務契約」であり、買主は残金支払義務が、また売主は土地引渡し・所有権移転登記が残っていますから双方が未履行状態です。したがって、破産管財人は売主に対し、売買契約を解除することも、契約の履行を請求することもできます。

　解除を選択した場合には、破産管財人は原状回復として手付金の返還を求めることができます。売主には売買利益分やそれまでの費用分の損失が生じたかもしれませんが、その損害賠償請求権は破産債権となります。売主が買主に対し反対給付をしていれば、その返還が求められますが、上記事例では反対給付はありません。

　履行を選択した場合には、残金支払と土地引渡し・所有権移転登記は同時履行ですから、破産管財人は、残金全額を提供して、土地引渡し・所有権移転登記を求めることができます。

(3) 相手方の催告権

　(1)の場合には、相手方は、自らの立場が不安定になるのを避けるため、破産管財人に対し、相当の期間を定め、その期間内に契約の解除をするか、又は債務の履行を請求するかを確答すべき旨を催告することができます。この場合において、破産管財人がその期間内に確答をしないときは、契約の解除をしたものとみなされます（破53条2項）。

　この規定は、民法による労働契約[1]又は請負契約[2]の解除の場合に準用されます（破53条3項）。

141

第4章　破産財団と関係者の権利義務関係

2　双方未履行双務契約に関する規律の趣旨

　上記の双方未履行双務契約に関する規律は，双務契約における双方の債務が担保視しあっていることに鑑み，双方未履行の双務契約の当事者の一方が破産した場合に，破産管財人に契約の解除をするか又は相手方の債務の履行を請求するかの選択権を認めることにより破産財団の利益を守ると同時に，破産管財人のした選択に対応した相手方の保護を図るものです[3]。

　この規律の趣旨について，学説上は，清算手続を進めるために破産管財人が契約関係を清算する途を開くとともに，他方で，契約履行の方が破産財団の拡充にとって有利な場合に，破産管財人が履行を選択することを可能にする趣旨だとする見解や，双方未履行双務契約の規律の主眼は法定解除権の付与にあるとする見解があります[4]。

3　双方未履行双務契約への該当性

⑴　実際になすべき行為が残されていない場合

　目的物引渡済みで，代金完済前の所有権留保売買が双方未履行双務契約かが問題となった事案として，大阪高判昭59・9・27判タ542号214頁があります。この判決は，代金完済前の所有権留保売買は双方未履行双務契約に当たらない旨を判示しました。その理由として，そのような所有権留保売買契約においては，売主は契約に基づく債務を全て履行しており，目的物の所有権移転を留保しているものの，買主の売買代金完済より留保された所有権移転の効果が生じ，改めて所有権留保売主の所有権移転行為を必要とするものではないからだと述べ

1　使用者が破産した場合に，相手方又は破産管財人は労働契約の解約の申入れをすることができる（民631条後段）。
2　注文者が破産した場合に，請負人又は破産管財人は契約の解除をすることができる（民642条1項前段）。
3　最判昭62・11・26民集41巻8号1585頁（百選79事件）
4　注釈（上）348頁

142

ています。

(2) 非典型契約の場合，付随的な義務だけが未履行の場合，破産管財人による解除権の行使が不公平な場合

預託金会員制ゴルフクラブの会員契約が双方未履行双務契約に該当するかが問題になった事案として最判平12・2・29民集54巻2号553頁（百選80①事件）があります。

> 下記のような運営形態の預託金会員制ゴルフクラブの会員が破産した。
> ① 会員となろうとする者は入会に際して預託金2300万円をゴルフ場経営会社に預ける。会員は，会則等に定める一定の据置期間が経過した後には退会に伴って預託金の返還を請求することができる。
> ② ゴルフ場経営会社が将来に向かってゴルフ場施設を利用可能な状態に保持し，会員は都度，会員向けの利用料金を支払ってこれを利用することができる。
> ③ 会員には所定の年会費の支払義務がある。
>
> 会員の破産管財人は会員契約を解除して，ゴルフ場経営会社に2300万円の預託金の返還を求めた。
>
>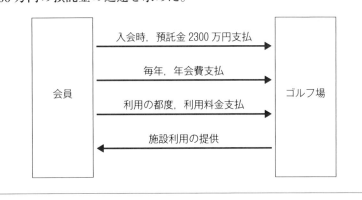

上記最判は，上記事案のような預託金会員制ゴルフクラブの会員契

第4章　破産財団と関係者の権利義務関係

約は，双方未履行双務契約であると認めました。当該会員契約は，主
として預託金の支払とゴルフ場施設利用権の取得が対価性を有する双
務契約であり，その会員が破産した場合，ゴルフ場施設を利用可能な
状態に保持し，これを会員に利用させるゴルフ場経営会社の義務と，
年会費を支払う会員の義務とが双方の未履行債務になるとしています。

　ところが，同最判は，破産管財人の解除を認めませんでした。双方
未履行双務契約の規律の趣旨を，契約当事者双方の公平を図りつつ，
破産手続の迅速な終結を図るものとした上で，契約を解除することに
よって相手方に著しく不公平な状況が生じるような場合には，破産管
財人は同項に基づく解除権を行使することができないとしています。
そして，本件では，ゴルフ場経営会社にとって，何らの利益もないに
もかかわらず，ゴルフ場施設の整備に充てられることが予定されてい
た預託金全額の即時返還を求められたことになり，著しく不公平と判
断したのです。

　類似の事案ですが，会員に年会費の支払義務がない場合が問題に
なった事案として，最判平12・3・9判時1708号123頁（百選80②事
件）があります。この事案においては，当該会員契約は，双方未履行
双務契約とはいえない旨を判示しました。年会費がなく，その都度の
利用料金の支払義務だけがある場合は，会員が実際に施設を利用しな
い限り会員の債務は発生せず，破産手続開始決定時における会員の未
履行債務がないことになるからです。

(3)　双方未履行双務契約の規律の適用除外，特則等

　以下のとおり，双方未履行双務契約の規律の適用除外，特則が設け
られています。

ア　破産手続開始が終了原因となっている場合（適用除外）
　　委任（民653条），匿名組合契約（商541条3号），交互計算（破59条1
　項），市場の相場がある商品の取引に係る契約（破58条）

144

イ　特則（後出）

　　継続的給付契約（破55条），賃貸借契約等（破56条），雇用における使用者の破産（民631条），請負における注文者の破産（民642条）

第2　継続的給付を目的とする双務契約

1　基本的事項

(1)　破産者に対して継続的給付の義務を負う双務契約（以下「継続的給付契約」という）の相手方は，破産手続開始の申立前の給付に係る破産債権について弁済がないことを理由としては，破産手続開始後は，その義務の履行を拒むことができません（破55条1項）。

(2)　継続的給付契約の相手方が破産手続開始の申立後破産手続開始前にした給付に係る請求権は，財団債権となります（破55条2項）。

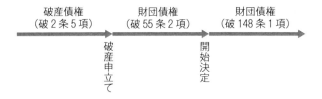

　一定期間ごとに債権額を算定すべき継続的給付については，申立ての日の属する期間内の給付に係る請求権を含めて財団債権となります（破55条2項括弧書き）。

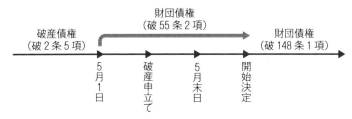

計算期間が毎月1日から月末までで，5月申立ての場合

第4章　破産財団と関係者の権利義務関係

2　継続的給付契約の定義

　当事者の一方が反復継続的に種類をもって定められる給付をなす義務を負い，他方が，その給付ごとに，又は一定期間ごとに，その対価を支払う義務を負担する契約をいいます。

　　　例）電気，ガス，水道等の継続的給付を目的とする双務契約[5]

　　　　　ライフラインに限定されるものではなく，たとえばエレベータの保守管理を目的とするメンテナンス契約，警備契約なども含まれる。

　一定期間にわたって反復継続される可分的給付を前提としていますから，賃貸借契約，リース契約，ライセンス契約等は該当しません。

　労働契約には，適用されません（破55条3項）。手続開始後履行拒絶できないという規律が労働契約にそぐわないからです。

3　立法趣旨

　倒産手続の申立前の給付に係る債権については通常弁済がなされませんから，電気・ガス・水道等の供給をする者は，その弁済がないことを理由としては供給を停止することがあります（継続的給付を目的とする双務契約においては，相手方による前期の債務不履行を理由に後期の自己の給付を拒絶できると考えられる）。しかし，倒産手続，特に再建型手続において電気・ガス・水道等の供給を引き続き受ける必要がある場合があるので，手続開始の申立前の給付に係る債権について弁済がないことを理由としては，その義務の履行を拒むことができないことを定めました（破55条1項，民再50条1項，会更62条1項）。そして公平上，相手方のこれに関する債権を財団債権・共益債権としました（破55条2項，民再50条2項，会更62条2項）。一定期間ごとに債権額を算定すべき継続的給付につい

5　個人の破産者に対する電気，ガス，水道は日用品の供給（民306条4号，310条）に当たるから，これに関する一般の先取特権があり，優先的破産債権となる（破98条1項）。

146

ては，計算の便宜上，申立ての日の属する期間内の給付に係る請求権
を含めて財団債権・共益債権としました。

この規定は当初再建型手続（民再50条，会更62条）で設けられましたが，
破産の場合も，破産管財事務の遂行のために，継続的給付契約の継続
が必要な場合があるので，後に破産法にも同じ規定が取り込まれました。

第3　賃貸借契約

1　賃貸人の破産の場合

(1)　基本的事項

賃貸人の目的物を使用収益させる義務と賃借人の賃料支払義務が対
価関係にあり，少なくとも将来分は双方未履行なので，原則的に双方
未履行双務契約の規律が適用されます。

ただし，賃借権に対抗力がある場合[6]は，適用されません（破56条1
項）。この場合には，使用収益権，必要費・有益費の償還請求権（民
608条），修繕を求める権利（民606条1項）等の賃借人の有する請求権は，
財団債権となります（破56条2項）。もっとも敷金返還請求権（改民622
条の2）は，賃貸借契約とは別個の敷金契約に基づくものであり，財団
債権とはならず，破産債権です。

(2)　賃借人による相殺

賃借人が破産手続開始時において賃貸人に対したとえば貸付金等の
破産債権を有する場合，これを自働債権として，賃料債務と相殺する
ことができます（破67条1項）。破産法は，破産手続開始時において破
産債権者の負担する債務が将来の請求権に関するときも相殺を認めて

6　賃借権に対抗力がある場合とは，不動産の賃貸借であれば登記（民605条），宅地賃
貸借なら登記又は建物登記（借地借家10条1項），建物賃貸借なら賃借権登記又は引渡
しがある場合（借地借家31条）。特許等のライセンス契約について，対抗力を備えたラ
イセンシーも破産法56条で保護を受ける。

いるので（破67条2項），破産手続開始後の使用に対する賃料であっても相殺の対象とすることができます[7]。

(3) 賃借人の賃料の寄託請求（賃借人が敷金返還請求権を確保する方法）

賃借権に対抗力があり，賃貸借契約が継続する場合でも，敷金返還請求権は破産債権となります。しかし，敷金は賃貸物の返還により発生する停止条件付債権（最判昭48・2・2民集27巻1号80頁，改民622条の2第1項）ですから，賃貸物返還前は，それを自働債権として賃料債務と相殺をすることはできません（第4章第8節第2の2(2)参照）。

そこで，賃借人は，将来の敷金返還請求権を確保するために，破産管財人に対し，支払った賃料の寄託（＝別途保管）を請求することができることとされています（破70条後段）。破産手続中に賃借人が賃貸物を返還し，敷金返還請求権が現実化したときは，これを自働債権とし，寄託分の原因となっていた賃料支払債務を受働債権として相殺し[8]，寄託分の原因となっていた賃料債務を消滅させた上で，寄託金の支払を受けることができます。

---

7 民事再生法では6か月分を限度として相殺を認めているが（民再92条2項），破産ではこのような制限はない。
8 最判平14・3・28民集56巻3号689頁は，賃貸借契約が終了し，目的物が明け渡されたときは，賃料債権は，当然に敷金の充当によりその限度で消滅する旨判示しているから，ここにいう「相殺」は，正確には充当というべきである。

(4) 賃料債権の譲渡又は賃料の前払

　旧法には賃料債権の譲渡や前払の効力を一定限度に制約する規定がありましたが，現行法にはありませんので，長期の賃料債権の譲渡や前払も，破産手続との関係でも有効です（否認事由がある場合には別です）。

　賃料債権が譲渡されている場合に，賃借人が（3）の賃料の寄託を請求したとき，破産管財人はこれに応じなければならないのかが問題となります。

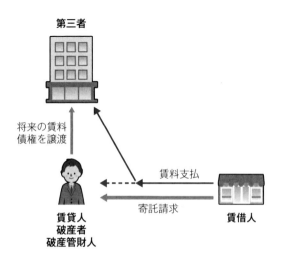

　この場合，賃料は破産管財人に支払われるのではなく，債権譲渡の譲受人に支払われます。すなわち，破産管財人としては，寄託すべき対象を受け取らないことになりますから，寄託請求に応じる必要はないものと考えます。

2　賃借人の破産

(1) 基本的事項

　賃貸人の目的物を使用収益させる義務と賃借人の賃料支払義務が対価関係にあり，少なくとも将来分は双方未履行なので，原則的に双方未履行双務契約の規律が適用されます。

(2) 目的物返還までの賃料債権の性質

　破産管財人が賃貸借契約を解除した場合，破産手続開始から賃貸借契約終了までの間に生じた賃料債権は財団債権となります（破148条1項8号）[9]。

　賃貸借契約終了後，目的物の返還までの間に生じた賃料相当額は財団債権になるという考えが有力[10]ですが（破148条4号），原状回復義務の発生原因は破産手続開始前の原状変更によるから，原状回復義務については破産債権になるという見解もあります[11]。

(3) 双方未履行双務契約の解除と違約金条項との関係

　双務契約において，当事者の一方の都合や債務不履行により契約解除となった場合に，当該当事者が違約金を支払う義務を負う旨（違約金条項）が定められていることがあります。この場合において，当事者の一方が破産し，破産管財人が双方未履行双務契約であることを理由に契約を解除したときは，違約金条項が適用されるのかが問題となります。

　次のような事案を想定してみます。

---

[9] 東京地判平20・8・18判時2024号37頁。ただし，この判決は，破産管財人が目的物を1か月間使用したことを理由とするものとも考えられる。
[10] 最判昭43・6・13民集22巻6号1149頁
[11] 200問107頁

第7節　破産者の契約関係の整理

　YがA社（破産者）に対し建物を賃貸借期間10年，賃料月額100万円で貸し渡した。その際，AはYに対し保証金3000万円を差し入れ，①この保証金はAの一切の債務を担保すること，②Aが賃貸借契約を途中解約した場合は残期間の賃料相当額の違約金を支払うことを合意した。この5年後Aは破産し，破産管財人は破産法53条1項により賃貸借契約を解除し，保証金の返還を求めた。しかし，Yは違約金（残期間分の賃料6000万円）のうち3000万円に充当したとして返還を拒否した上，違約金残額3000万円を財団債権として破産管財人に請求した。

ア　破産管財人の解除により相手方に損害が生じた場合，相手方は損害の賠償について破産債権者としてその権利を行使できます（破54条1項）。それでは，契約当事者が実損を超える違約金を合意していた場合，その合意は破産管財人の解除にも適用されるかという問題です。上記事案で，これを認めると，事実上破産管財人による解除ができなくなることや，他の破産債権者がわずかな配当しか受けられない一方，契約の相手方が実損以上の利得をするといった事態が生じる可能性があります。

イ　上記事案では，まず，破産法53条1項による解除は，賃貸借契約上の違約金の発生原因たる「途中解約」に該当するかを検討する必要があります。当該条項が文言上，あるいは契約当事者の意思解釈からして，倒産手続における双方未履行双務契約の解除への適用までも合意しているといえない場合もあります。その場合には，契

第4章　破産財団と関係者の権利義務関係

　約上の違約金は発生しないことになります[12]。

ウ　次に，破産法53条1項による破産管財人の解除により違約金が発生する合意は，破産手続との関係で有効かを検討する必要があります。

　　破産管財人が違約金条項に拘束されるのは，契約関係の清算のため破産手続において特別に規定された破産法53条1項の法定解除権の趣旨に反すると考えて，違約金条項を一律無効とする見解もありますが，破産財団は保証金返還請求権等を含む賃借人の地位を承継していますから，破産手続との関係で，違約金条項のみを一律に無効とする解釈には無理があるように思われます。しかし，違約金条項の趣旨や目的の合理性，相手方の期待の合理性をも踏まえ，当該違約金条項が，破産法53条1項が破産管財人に解除権を認めて契約関係の清算を可能にした趣旨を没却し，債権者間の容認し難い不平等を招くような場合は，当該違約金条項は信義則上，あるいは公序良俗に反するものとして，制限を受けるものと考えます[13]。上記事案において，違約金の額が，通常賃貸人に生じる損害（次の賃借人を探すまでの期間の賃料相当額及び賃料減額による損害）の見込額を相当程度上回っているような場合には，賃貸人は保証金から損害以上の利得を得ること（焼け太り）になる一方，他の破産債権者がわずかな配当しか受けられないことになってしまいます。そのような場合は，違約金条項の効力を制限的に考えるべきでしょう。

エ　破産管財人の解除により生じた違約金請求権は財団債権かが問題となりますが[14]，双方未履行双務契約の解除により生じた損害の請

12　このような判示をしたものとして，名古屋高判平23・6・2金法1944号127頁（百選77②事件）。

13　大阪地判平21・1・29判時2037号74頁（百選77①事件）は，このような考慮の下，5年間の賃貸借契約で，中途解約の場合残期間分の賃料相当額の支払義務があることを規定した契約条項について，破産手続との関係でも違約金条項が有効と認めた。名古屋高判平12・4・27判時1748号134頁は，建物賃貸借の事案で，新たな賃借人の確保には1年程度の期間を要すると予想されることなどを考慮し，5800万円強の違約金のうち2100万円のみ敷金等との相殺を認めた。

14　伊藤394頁注83

求権は破産債権とされていますから（破54条2項），同様に違約金請
求権も破産債権だと考えます。

(4) 倒産解除特約

賃借人に破産その他倒産手続の申立てがあったときは，賃貸人は賃
貸借契約を解除できるとする条項（倒産解除特約）は，有効かが問題と
なります。最高裁は，会社更生で所有権留保売買について[15]，また民
事再生でファイナンス・リース契約について[16]，倒産解除特約を無効
としています。これらの最判は，倒産解除特約が事業の更生・再生を
図るという会社更生手続・民事再生手続の趣旨・目的に反することを
主な理由としていますから，その射程が破産の場合にも及ぶのか問題
となります。裁判例には，賃借人が破産した場合における倒産解除特
約について，破産法53条1項により破産管財人に未履行双務契約の
履行・解除の選択権が与えられている趣旨に反するとして無効とした
ものがあります[17]。

第4　請負契約

1　注文者の破産

(1) 基本的事項

民法に特別の規定があります。

ア　解除権

注文者が破産した場合，請負人（相手方）及び破産管財人のいずれか
らも契約を解除することができます（民642条1項前段）[18]。

15　最判昭 57・3・30 民集 36 巻 3 号 484 頁（百選 75 事件）
16　最判平 20・12・16 民集 62 巻 10 号 2561 頁（百選 76 事件）
17　東京地判平 21・1・16 金法 1892 号 55 頁

注文者破産の場合に、請負人にも契約から離脱する自由を認めたものです。請負人には催告権もあります（破53条3項）。

イ　請負人がすでにした仕事の報酬及び費用の請求権

解除の場合において、請負人は、すでにした仕事の報酬[19]及びその中に含まれていない費用について、破産債権として破産財団の配当に加入することができます（現民642条1項後段、改民642条2項）。

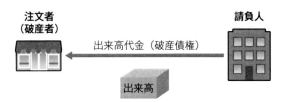

ウ　請負人の損害賠償請求権

契約の解除によって生じた損害の賠償は、破産管財人が契約の解除をした場合における請負人に限り、請求することができます。この場合において、請負人は、その損害賠償について、破産債権として破産財団の配当に加入できます（現民642条2項、改民642条3項）。

(2) 出来高部分の帰属

注文者破産の場合に、出来高部分は誰に帰属するかが争われたことがあります。最判昭53・6・23金判555号46頁（百選78事件）がそれであり、「請負契約が民法642条1項の規定により解除された場合には、請負人は、すでにした仕事の報酬及びこれに包含されない費用に

---

[18] 改正民法においては、請負人による契約の解除については、仕事を完成した場合、できないことになっている（改民642条1項後段）。本項で請負人にも解除権を与えたのは、仕事の完成債務を先履行すべき請負人が仕事の継続によるリスクを負うことを回避するためである。しかし、すでに仕事が完成している場合には、そのような意味でのリスクはないので、請負人の解除権を制限したものである。

[19] 改正民法634条は、仕事が完成していなくても請負人が報酬を受け得ることを規定している。

つき，破産財団の配当に加入することができるのであるが，その反面として，すでにされた仕事の結果は破産財団に帰属する」と判示しています。

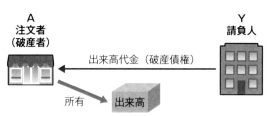

この最判によると，契約解除により出来高部分は破産財団に帰属しますが，他方，請負人の報酬請求権は破産債権にすぎないことになります。なお，出来高部分が注文者の破産財団に帰属したとしても，請負人が出来高部分を占有している場合には，商事留置権（商521条）が成立するものとして別除権を行使できる可能性があります。

(3) 破産前の仕事に相当する報酬の扱い

建築請負契約の注文者が建物建築工事中に破産し，破産管財人が契約の履行を選択した場合，請負人が破産手続開始前にした仕事に相当する報酬は，財団債権なのか，破産債権なのか争いがあります。出来高を不可分と見れば，破産手続開始前の工事に相当する部分も含めて報酬債権は財団債権と考えられますが（破148条1項7号），可分と見れば，破産手続開始前の工事に相当する部分の報酬債権は破産債権と考えられます。建築工事の出来高は一般には可分と考えられますから[20]，後者の見解が自然と考えます。

2 請負人の破産

請負人が破産した場合，①そもそも双方未履行双務契約の規律が適用されるのかが問題となります。請負契約には，破産管財人によるコ

---

[20] 最判昭56・2・17判時996号61頁

第4章 破産財団と関係者の権利義務関係

ントロールを及ぼすことが適切ではない個人的色彩の強い契約もありますから，適用されないという考えもあり得ます。

次に，②破産管財人により請負契約が解除された場合，すでに請負人（破産者）が履行した部分（出来高部分）について，原状回復（撤去）義務が生じるのかが問題となります。また，③注文者が前渡金を支払っていた場合，その返還請求権は財団債権かどうかも問題となります。

上記①②③が問題になった事案として，最判昭62・11・26民集41巻8号1585頁（百選79事件）があり，以下のような事案です。

Xは，建設会社Aとの間で代金2100万円の建物建築請負契約を結び，前渡金1600万円を支払った。その後Aは破産し，破産時点での出来高は60％（1260万円）だった。Xが破産管財人Yに対し破産法53条2項の催告をしたところ，所定の期間内に破産管財人Yから確答はなかった。そこで，XはYに対し，請負契約は解除されたものとして，前渡金から出来高分を控除した340万円について，財団債権として支払を求めた。

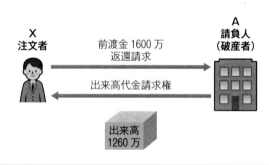

上記事案では，破産法53条2項の催告に対し，破産管財人が確答していないので，破産管財人が破産法53条1項の解除をしたものとみなされます（破53条2項）。

上記の問題に関し，上記最判は，以下のように判示しています。

第7節　破産者の契約関係の整理

(1)　請負契約に双方未履行双務契約の規律は適用されるか

　請負契約の目的である仕事が破産者以外の者において完成することのできない性質のもので，破産管財人において履行を選択する余地のない場合でない限り，破産法における双方未履行双務契約の規律（破産53条1項）は，適用されるとしています。理由として，請負契約につき破産法53条の適用を除外する旨の規定がない上，破産管財人が破産者の債務の履行を選択する余地がある以上，同条の適用を除外すべき実質的な理由もないことを挙げています。

(2)　出来高及び前渡金返還請求権の扱い

　注文者は支払済みの請負報酬の内金から出来高分を控除した残額について，破産法60条2項に基づき財団債権としてその返還を求めることができるものとしています。

　すなわち，出来高部分については解除対象にならず，破産管財人が注文者に対し報酬請求権を有することを前提としています。請負の目的物が可分である場合，出来高部分についてまで原状回復すべきものとすると，社会的な損失が生じますから，このような考え方は妥当と思われます。改正民法においては，請負人がすでにした仕事の結果のうち可分な部分の給付によって注文者が利益を受けるときは，請負人は注文者が受ける利益の割合に応じて報酬を請求することができるとされていますから（改民634条），上記の考え方に合致しています。

　また，前渡金返還請求権は財団債権であるとしています。注文者の前払は，信用供与であり，財団債権として保護することには疑問を呈する見解や，破産法54条2項の財団債権化は双方の原状回復義務が同時履行の関係にある場合を保護する趣旨であって，そのような関係にない場合には適用されないといった見解もありますが，破産法54条2項においては，破産者の受けた反対給付が現存しない場合，特にその他の要件を要求することなく，財団債権としていますし，破産管財人に特別の解除権を与えていることとのバランス上，解除された相手方も相応の保護が与えられるべきですから，上記のような判示がなされたものと思

157

第4章　破産財団と関係者の権利義務関係

われます。

第5　委任契約

1　基本的事項

　民法に特別の規定があります。

　委任者又は受任者が破産手続開始の決定を受けた場合，委任は終了します（民653条2号）。委任者について破産手続が開始された場合において，受任者は，民法655条による破産手続開始の通知を受けず，かつ，破産手続開始の事実を知らないで委任事務を処理したときは，これによって生じた債権について，破産債権者としてその権利を行使することができます（破57条）。

2　会社の破産の場合の問題

　会社と取締役との関係は委任関係だとされていますが（会330条），会社が破産した場合，取締役はどのような立場に立つかが問題となります。この点が問題になったのが，最判平16・6・10民集58巻5号1178頁（百選15事件）です。

　有限会社Aは所有する建物に関し保険会社Yと火災保険契約を締結したが，この保険契約には，「取締役」の故意による事故招致の場合，Yは免責される旨の約定があった。この保険契約による保険金について，X信用金庫の貸付けの担保として質権が設定され，Yはこれを承諾した。その後Aは破産となったが，破産後，破産手続開始決定時点の代表取締役Bの放火により建物が焼失した。そこで，XがYに対し保険金を請求したが，Yは免責事由に該当するとしてこれを拒絶した。

158

第 7 節　破産者の契約関係の整理

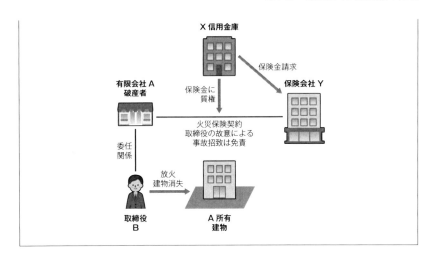

　上記事案では，A 社の破産により代表取締役 B との委任関係は終了しており，放火時点において B は取締役ではなかったという見解もあり得るところです。しかし，上記最判は，B は免責事由にいう「取締役」に該当すると判示しました。破産時点の取締役は，破産によっては取締役の地位を当然には失わず，総会の招集等の会社組織に係る行為等については，取締役としての権限を行使し得ると解されるからです。

　同じく，会社が破産した場合の取締役の立場が問題になった事案として，最判平 21・4・17 判時 2044 号 74 頁（百選 16 事件）があります。

> 　Y 株式会社の株主 X は，Y の株主総会で取締役らを選任した決議及びその後の取締役会で代表取締役を選任した決議の不存在確認訴訟を提起したが，その後 Y は破産した。当該訴訟で，X の提起した訴訟に訴えの利益はあるかが問題となった。

　上記最判は，会社が破産手続開始の決定を受けた場合，破産財団についての管理処分権は破産管財人に帰属するが，役員の選任又は解任のような破産財団に関する管理処分権と無関係な会社組織に係る行為等は，破産管財人の権限に属するものではなく，破産者たる会社が自

ら行うことができると判示しました（二分説）。そして，破産手続開始
当時の取締役らは，破産手続開始によりその地位を当然には失わず，
会社組織に係る行為等については取締役らとしての権限を行使し得る
としました。

　なお，取締役個人が破産した場合は，委任関係の終了（民653条2号）
により取締役の地位を喪失します。

第6　雇用

　民法に特別の規定があります。

　使用者が破産手続開始の決定を受けた場合には，雇用に期間の定め
があるときであっても，労働者又は破産管財人は，民法627条の規定
により解約の申入れをすることができます。この場合において，各当
事者は，相手方に対し，解約によって生じた損害の賠償を請求するこ
とができません（民631条）。使用人は，破産管財人に対し，解除権を
行使するかどうか確答するよう催告することができます（破53条3項）。

第7　市場の相場がある商品の取引に係る契約（破58条）

　取引所の相場その他の市場の相場がある商品の取引に係る契約で
あって，その取引の性質上特定の日時又は一定の期間内に履行をしな
ければ契約をした目的を達することができないものがあります。たと
えば，金融商品取引所における先物取引です。このような契約につい
て，その時期が破産手続開始後に到来すべきときは，当該契約は，一
律に解除されたものとみなされます（破58条1項）。一律解除としたの
は，破産管財人に履行するか否かの選択権を与えることは，破産管財
人に投機的判断を求めることになり，適切ではないからだなどと説明
されています[21]。

---

[21]　注釈（上）398頁

第7節　破産者の契約関係の整理

　上記の場合において，損害賠償の額は，相場と当該契約における商品の価格との差額となります（破58条2項）。基本契約において，この損害賠償の債権又は債務を差引計算して決済する旨の定め（一括清算ネッティング条項）があるときは，請求することができる損害賠償の額の算定については，その定めに従います（破58条5項）。

第4章　破産財団と関係者の権利義務関係

第8節　相殺権

第1　相殺権の保障

1　基本的事項

　破産債権者は，破産手続開始の時において破産者に対して債務を負担するときは，破産手続によらないで，相殺をすることができます（破67条1項）。

　たとえば，破産者に対し貸金1000万円を有する銀行（破産債権者）が破産手続開始決定時に預金債務1000万円を負担していた場合には，銀行は貸金債権を自働債権，預金債務を受働債権として相殺ができるということです。仮に当該破産事件における破産債権者への配当率が5％とすると，銀行としては，相殺しなければ50万円の破産配当金をもらえるだけだったものが，相殺することにより実質全額回収できることになります。

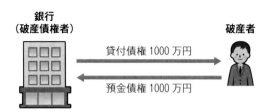

　相殺（民505条以下）は便宜的な決済の制度であると同時に，当事者双方に対当額で債務の弁済の効果をもたらすため公平に資し，また債権者から見ると他の債権者を排して債権回収を実現できるため担保としての機能を有しています。このような相殺の機能は，債務者が経済的窮境にある局面でもっとも働くものであり，債権者としてはこのよ

第8節　相殺権

うな局面において相殺できることを期待しています。このような相殺
の合理的期待を保護するために，破産法の下においても債権者による
相殺権が原則的に保障されているものです。

2　相殺権の行使方法

相殺の意思表示はいつでもすることができます[1]。破産債権の届出
をすることも不要です。ただし，相殺権が行使されるかどうか分から
ないと破産財団の財産や破産債権の整理に支障を来すことがあるので，
破産管財人は破産債権者に対し，相殺するかどうかを確答すべき旨を
催告することができます（破73条）。

3　破産前になされた三者間の相殺合意の効力

破産財団に対して債務を負担する者が他人（たとえばグループ会社）の
有する破産債権をもって相殺することができるものとすることは，互
いに債務を負担する関係にない者の間における相殺を許すことになり，
破産法67条1項の文言に反し，破産債権者間の公平，平等な扱いと
いう破産法の原則を没却するものというべきです。したがって，これ
をすることができる旨の合意（三者間相殺）があらかじめされていた場
合であっても，許されません[2]。

1　民事再生・会社更生の場合は，債権届出期間内に相殺の意思表示をすることが必要
（民再92条1項，会更48条1項）。
2　民事再生の事案であるが，最判平28・7・8民集70巻6号1611頁。

第4章　破産財団と関係者の権利義務関係

第2　自働債権又は受働債権が条件付，期限付等の場合

1　相殺権の拡張

　民法505条1項によれば，相殺が認められるのは「2人が互いに同種の目的を有する債務を負担する場合」です。また，破産法67条1項によれば，相殺が認められるのは，破産手続開始決定時に相殺適状となっている場合と読めます。

　しかし，破産法67条2項では，相殺できる範囲を以下のとおり拡張することにより破産債権者の相殺に対する期待を保護しています。

2　破産債権（自働債権）が条件付，期限付等の場合

⑴　自働債権として相殺に供することができる債権

　破産債権（自働債権）が次の場合も相殺できます（破67条2項前段，103条2項1号）。

　①　期限付

　　破産債権が破産手続開始時に期限付である場合，破産手続との関係では，弁済期にあるものとみなされる（破103条3項　現在化）ことと平仄を合わせたものです。

　②　解除条件付

　　ただし，解除条件付債権を有する者が相殺をするときは，担保を供し，又は寄託することが必要です（破69条）。

　③　金銭の支払を目的としない債権

　④　金銭債権で額が不確定のもの

　⑤　外貨建て債権

　⑥　金額又は存続期間が不確定である定期金債権

　破産債権（自働債権）の額は上記①②の場合「債権額」，③〜⑥の場合は「評価額」（破68条1項，103条2項）です。無利息債権又は定期金

164

債権の場合，中間利息部分が控除されます（破68条2項）。

(2) 自働債権（破産債権）が停止条件付又は将来の請求権の場合

破産法67条2項に該当しないので，停止条件が成就するか，将来の請求権が現実化しない限り，相殺できません。停止条件が成就するか，将来の請求権が現実化すれば，相殺することができます。

停止条件付債権又は将来の請求権を有する者は，破産者に対する債務を弁済する場合には，後に相殺をするため，その債権額の限度において弁済額の寄託を請求することができます。敷金（改民622条の2）の返還請求権を有する者が破産者に対する賃料債務を弁済する場合も同様です（破70条）。

たとえば毎月の賃料10万円，敷金30万円の賃貸借契約における賃貸人が破産した場合，賃借人（敷金債権30万円を有する破産債権者）は賃貸人（破産管財人）に対し，30万円に達するまで毎月支払った賃料を寄託（＝別途保管）するよう請求することができます（詳細は第4章第7節第3の1(3)）。

3 破産債権者が負担する債務（受働債権）が期限付，条件付等の場合

破産債権者が負担する債務（受働債権）が次の場合も相殺できます（破67条2項後段）。

① 期限付
② 条件付
③ 将来の請求権

期限の利益，条件付であることの利益は破産債権者にありますから，破産債権者がその利益を主張しないで相殺するのであれば，相殺を認めてよいという考え方です。

破67条2項後段は，受働債権が停止条件付の場合に，条件未成就のときに条件が成就しないことの利益を放棄して相殺することを認めるだけでなく，破産債権者が破産手続開始後に条件成就するのを待っ

第4章　破産財団と関係者の権利義務関係

て相殺することをも認めるものかが問題となったことがあります。最判平17・1・17民集59巻1号1頁（百選63事件）がそれであり，下記のような事案です。

> 損害保険会社Yは，Aに対し保険金詐取を理由とする損害賠償請求権を有していた。また，YはAと別途積立傷害保険契約を締結していた。その後，Aは破産し，破産管財人Xは上記積立傷害保険契約を解約し，解約返戻金を請求した。これに対し，Yは上記損害賠償債権を自働債権，解約返戻金債務を受働債権として相殺の意思表示をした。

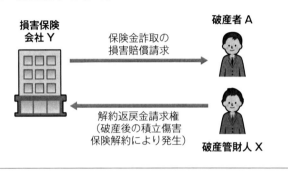

　上記事案の解約返戻金債権は，積立傷害保険契約の解約を停止条件とする停止条件付債権といえます。破産債権者であるYは，破産管財人によるその解約により停止条件が成就した後に相殺の意思表示をしていますが，破67条2項後段はこのような相殺も認めるものかが問題となります。破67条2項後段がそこまで認めるものではないとすると，上記事案における解約返戻金債務の負担の時期は条件成就時である破産手続開始後であるので，相殺禁止の規定（破71条1項1号）に該当し，相殺できないとも思えます。

　この点について，上記最判は，受働債権が破産開始時において停止条件付である場合には，停止条件不成就の利益を放棄したときだけでなく，破産後に停止条件が成就したときにも，同様に相殺をすることができると判示しています。この規定が相殺の担保的機能に対する期

待を保護しようとする趣旨であること，規定上相殺権の行使に何らの限定も加えられていないこと，破産手続においては，破産債権者による相殺権の行使時期について制限が設けられていないことから，そのように解したものです。

なお，停止条件付債務に関し，実体法上停止条件不成就の利益を放棄できるのか見解が分かれています。実体法上これが許容されていると考えると，破67条2項は相殺許容性を確認した規定ということになりますが（確認説），実体法上許容されていないと考えると，同項は破産法が相殺の合理的期待を保護する観点から特に相殺を認めた規定ということになります（創設説）[3]。

第3 相殺の禁止

1 基本的事項

破産債権者が受働債権を危機時期以降に負担した場合（破71条1項），又は破産者に対し債務を負担する者が危機時期以降に破産債権（自働債権）を取得した場合（破72条1項），相殺はできないことがあります。

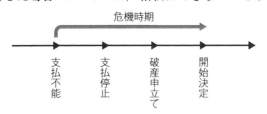

注：上記図の時系列は，一例である。支払不能，支払停止，破産申立ての順序は事案ごとに異なる。

相殺権の保障は，破産手続開始時における相殺の合理的期待を保護するものです。総債権者の満足を図ることができなくなった危機時期

---

[3] 破産法67条2項に相当する規定のない民事再生で，再生債権と停止条件付債務の相殺を認めるのかの解釈に差が出る。

第4章　破産財団と関係者の権利義務関係

以降は，債権者間の公平が要請される段階であり，これ以降に相殺可能となる場合は，破産手続開始に相殺適状にある場合であっても，相殺の合理的期待があるとは言い難いので，一定の場合に相殺を禁止するものです。

2　破産債権者が債務負担した場合の相殺禁止 （破71条1項）

(1)　要件

　破産債権者が債務負担した場合に，相殺が禁止されるのは，債務の負担時期が危機時期後である次の場合です。

ア　債務負担時期が破産手続開始後の場合 （1号）

　この場合，破産債権者の認識に関係なく，相殺が禁止されます。後記の適用除外もありません。

イ　債務負担時期が支払不能後の場合 （2号）

　(ア)　条文の構造

　　下記のいずれかの場合で，かつ当該契約の当時，破産債権者が支払不能であったことを知っていたときに，相殺が禁止されます。

①	契約によって負担する債務を専ら破産債権をもってする相殺に供する目的で，破産者の財産の処分を内容とする契約を破産者との間で締結することにより，支払不能後に債務を負担した場合
②	破産者に対して債務を負担する者の債務を引き受けることを内容とする契約を締結することにより，支払不能後に債務を負担した場合

　支払不能とは，債務者が，支払能力を欠くために，その債務のうち弁済期にあるものにつき，一般的かつ継続的に弁済することができない状態をいいます （破2条11項） （詳細は第3章第1節第1の3(1)，第4章第9節第1の3(2)）。

(イ)　上記①の場合

①記載の要件は，継続取引に対する過度の委縮効果を避けるべく，支払不能後の債務負担に関する相殺禁止を，支払不能後になされた実質的な弁済又は代物弁済に限定する趣旨で設けられたものです。

たとえば，後に破産債権と売買代金債務を相殺する目的で，支払不能後に破産者から商品を購入して売買代金債務を負担し，その後破産債権と当該売買代金債務を相殺する場合は，この相殺禁止に該当します。

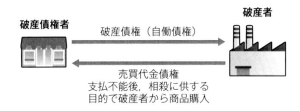

また，支払不能後に破産債権者である銀行の要求により破産者が当該銀行に開設された破産者の預金口座に入金をしたことにより銀行が預金債務を負担したという場合も①の相殺禁止に該当すると考えられます[4]。

他方，破産債権者である銀行に開設された破産者の預金口座に，支払不能後に売掛先から送金があったというだけの場合，①記載の要件を満たさないので，銀行による相殺は禁止されません。銀行の働きかけによらずに，破産者自身が申立直前に一方的に当該預金口座に送金した場合にも，銀行が「相殺に供する目的」を有していたと認める余地はなく，銀行による相殺は禁止されません[5]。

---

[4] 民事再生の事案であるが，大阪地判平 22・3・15 判時 2090 号 69 頁。
[5] 民事再生の事案であるが，東京地判平 21・11・10 判タ 1320 号 275 頁（百選 67 事件）。

第4章　破産財団と関係者の権利義務関係

(ウ)　②の場合

　支払不能後に，破産債権者が，「破産者に対して債務を負担する者（第三債務者）の債務を引き受けること」を内容とする契約を締結することにより債務を負担する場合です。この場合，相殺による債権回収の目的があることは明らかです。

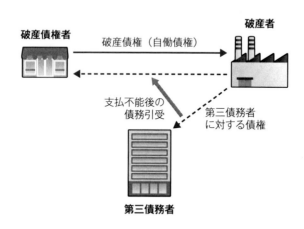

ウ　債務負担時期が支払停止後の場合（3号）

　その負担の当時，破産債権者が支払停止があったことを知っていたときに，相殺が禁止されます。ただし，支払停止があった時において支払不能でなかったときは，除外されます。

　支払停止とは，債務者が弁済期の到来した債務を一般的かつ継続的に弁済できないことを外部に表示する行為をいいます（詳細は第3章第1節第1の3(1)イ，第4章第9節第1の3(3)）。

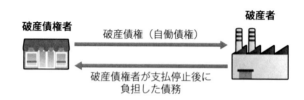

エ　債務負担時期が破産手続開始申立後の場合（4号）

　その負担の当時，破産債権者が破産手続開始申立てがあったことを知っていたときに，相殺が禁止されます[6]。

(2) 具体例

下記のような事案を想定してみます。

> B銀行はA株式会社（破産者）に対し貸付金3000万円がある。A社はB銀行に普通預金口座を開設しており，得意先C社からの代金は都度その口座に振り込まれていた。なお，B銀行は，A社の状況を常に把握している。
>
>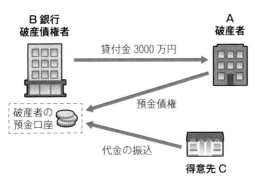
>
> A社が破産に至る経緯とその間のC社からの入金の経緯は以下のとおりである。
>
> 5月25日　①C社から80万円振込
> 5月30日　銀行への返済や取引先への支払の期日だが，できなかった（支払不能）。
> 6月 5日　②C社から100万円振込
> 6月10日　全債権者に廃業して破産申立準備に入る旨の通知を送付（支払停止）
> 6月12日　③C社から150万円振込
> 6月15日　破産申立て
> 6月17日　④C社から200万円振込

6　破産手続に先行して，民事再生手続や会社更生手続が行われた後に，破産手続に移行した場合には，再生手続開始申立てや更生手続開始申立てが破産手続開始申立てとみなされる（民再252条1項，会更254条1項）。

第4章　破産財団と関係者の権利義務関係

> 6月20日　破産手続開始決定
> 6月25日　⑤C社から250万円振込

　上記の事案のうち①については，B銀行の80万円の預金債務の負担時期が危機時期前なので，B銀行による相殺は認められます（破67条1項。71条1項各号のいずれにも当たらない）。

　②については，B銀行の100万円の預金債務の負担が支払不能後ですが，専相殺共用目的（契約によって負担する債務を専ら破産債権をもってする相殺に供する目的）が認められないので，B銀行による相殺は認められます（破67条1項。71条1項2号には当たらない）。

　③については，B銀行の150万円の預金債務の負担が支払停止後であり，B銀行はその事実を知っているので，破産法71条1項3号に該当し，相殺は禁止されます。

　④については，B銀行の200万円の預金債務の負担が破産申立後であり，B銀行はその事実を知っているので，破産法71条1項4号に該当し，相殺は禁止されます。

　⑤については，B銀行の250万円の預金債務の負担が破産手続開始決定後であるので，破産法71条1項1号に該当し，相殺は禁止されます。

　預金契約は「支払不能・支払停止・破産手続開始申立てを破産債権者が知った時より前に生じた原因」（破71条2項2号）には当たらないので，相殺禁止の例外にはなりません（後出(3)）。

(3)　適用除外

　上記（1）のイ～エの相殺禁止の規定は，債務負担が次の原因に基づく場合，適用されません。

ア　法定の原因に基づく場合（破71条2項1号）
　破産債権者の債務負担が，相続，事務管理，不当利得等の法定の原因に基づく場合です。

172

第8節　相殺権

　これらの場合，破産債権者，破産者あるいは第三者によって，相殺適状が意図的に作出されているわけではないからです。

イ　危機時期にあることを知る前に生じた原因に基づく場合（破71条2項2号）

　(ｱ)　基本的事項

　　この適用除外の趣旨は，破産債権者が危機時期にあることを知る前から有していた合理的な相殺の期待を保護することにあります。

　　ここにいう「相殺の期待」は具体的な相殺期待を生じさせる程度に直接的なものでなければなりません[7]。

　(ｲ)　問題となる事案

　①　預金契約

　　上記（2）における預金契約が本号にいう「前に生じた原因」に当たるかという問題です。最判昭60・2・26金法1094号38頁は，普通預金契約は「前に生じた原因」に当たらない旨を判示しています。普通預金契約があるというだけでは，当該普通預金口座に誰が何を入金するか未定ですから，金融機関側に合理的な相殺の期待があるとはいえず，「前に生じた原因」とはいえないものと考えます。

　②　振込指定

　　振込指定とは，金融機関の融資先が第三者から支払を受ける代金を当該金融機関におけるその融資先の預金口座に振り込ませることを約して，もって金融機関の融資金の回収を図ろうとするものをいいます。上記（2）の事案において，危機時期より前に，B銀行とA社（破産者）が，得意先からの送金先の口座を，A社がB銀行に開設した普通預金口座とすることを約束していた場合（「弱い振込指定」）又は，さらに得意先C社を含めた3者でこの合意をしていた場合

7　伊藤523頁

第4章　破産財団と関係者の権利義務関係

（「強い振込指定」）です。

　「弱い振込指定」の場合，弁済方法の指定がされたにすぎず，C
が必ずしも当該口座に送金してくるとは限らないから，金融機関側
に合理的な相殺の期待があるとはいえず，「前に生じた原因」には
該当しないと考えます。

　「強い振込指定」の場合，Cからの送金は当該普通預金口座あて
になされると期待でき，合理的な相殺の期待を直接かつ具体的に基
礎付けるものということができるので，「前に生じた原因」に該当
すると考えます。

③　代理受領

　代理受領とは，金融機関がその取引先に対して工事請負資金等を
融資する際に，融資金の弁済に充当することを目的として，金融機
関がその代金の受領の委託を受けることを約する金融機関と取引先
との約定をいいます。

　債務者が，自ら取り立てることはせず，代理受領の委託を一方的
に解約しない旨を約し，かつ第三債務者（注文者）もこれを承認して
いる場合には，金融機関に保護に値する相殺の合理的な期待がある
といえ，「前に生じた原因」に該当すると考えます。しかし，そう
でない場合には，金融機関による回収は不確実であり，「前に生じ
た原因」に該当しないと考えます。

④　手形の取立委任契約

　手形の取立委任契約が「前に生じた原因」に当たるかが問題と
なったのが，最判昭 63・10・18 民集 42 巻 8 号 575 頁（百選 64 事件）
です。

　A社は，B銀行と「銀行取引約定」[8]を結んでいる。A社は，危
機時期前に，販売先から代金の支払のために回収した約束手形の
取立てを委任するために，取立委任裏書（手 18 条）をして，債権

者でもあるＢ銀行に交付した。Ｂ銀行は，Ａ社の危機時期を知った後破産手続開始前に，その手形を取り立てた上，貸付金を自働債権とし，手形取立金返還債務を受働債権とする相殺を主張した。

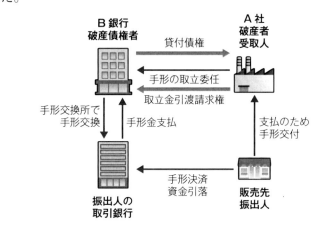

　上記最判は，銀行（破産債権者）が取引約定のもとに破産者から個々の手形につき取立てを委任されて裏書交付を受けた場合には，銀行が手形の取立てにより破産者に対して負担する取立金引渡債務を受働債権として相殺に供することができるという銀行の期待は保護に値するとして，銀行が破産者に対して負担した取立金引渡債務は，「前に生じた原因」に基づき負担したものに当たる旨を判示しました。

　上記最判の事案では，破産手続開始前に手形の取立てをしているので，銀行が破産法71条2項2号を主張することができました。取立てが破産手続開始決定後に行われた場合，受働債務である取立金引渡請求権の負担は破産手続開始後となり（相殺禁止の根拠は破71条1項1号），同条2項の適用はありません。そのため，銀行（破産債権者）が取立金

8　銀行と継続的な融資取引を行う場合，通常「銀行取引約定」を締結する。この中には通常，債務者が債務の履行をしなかったときには銀行が占有する債務者の手形を取立て又は処分して，その取得金を債務の弁済に充当することができる旨の条項が含まれている。

175

第4章　破産財団と関係者の権利義務関係

引渡債務と相殺するとしたら，上記最判とは別の理屈が必要になります。このような事案が問題となったのが最判平10・7・14民集52巻5号1261頁（百選52事件）であり，この最判は，銀行が破産者から手形の取立委任を受けて預かっていた約束手形を破産管財人に返還する必要はなく，銀行は銀行取引約定に基づき当該手形を取り立て，債権の弁済に充当できる旨を判示しています（第4章第3節第2の2(3)参照）。

ウ　破産手続開始申立時よりも1年以上前に生じた原因に基づく場合（破71条2項3号）

　1年以上も破産申立てがなされないことにより相殺できるかどうかを不確定なままにしておくのは，債権者の地位を長期にわたって不安にし，取引の安全を害します。たとえば，債権者が，債務者の支払停止後に債務者に対する債務を負担し，相殺した場合において，その後1年以上債務者に関する破産申立てがないとすると，相殺が無効となる可能性を残したまま，1年以上が経過することになります。それでは，債権者の立場が不安定すぎるので，債務負担が破産手続開始申立時よりも1年以上前に生じた原因に基づく場合，相殺禁止の主張はできないこととしました。

3　破産財団に対して債務を負担する者が破産債権を取得した場合の相殺禁止（破72条1項）

(1)　要件

　破産財団に対して債務を負担する者が破産債権を取得した場合に，相殺が禁止されるのは，破産債権の取得時期が危機時期後である次の場合です。

ア　破産債権取得時期が破産手続開始後の場合（1号）

　この場合，債務を負担する者の認識に関係なく，相殺が禁止されます。後記の適用除外もありません。

　無委託保証人の求償権を自働債権とする相殺に関し，本号の類推適

用が問題になったことがあります。最判平 24・5・28 民集 66 巻 7 号 3123 頁 (百選 69 事件) がそれであり，以下のような事案です。

> Y銀行は，B社のA社 (破産者) に対する売掛金等について，A社の委託を受けることなく，B社から保証料を徴して保証した。その後A社は破産し，Y銀行は保証履行した。Y銀行はA社の破産管財人に対し，保証履行により取得した求償権を自働債権，A社に対する預金債務を受働債権として相殺を主張した。
>
>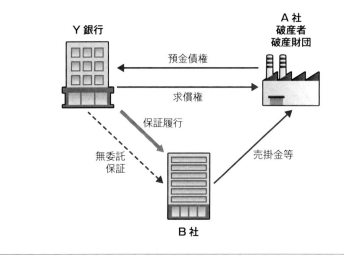

上記最判は，以下のように判示し，破産法 72 条 1 項 1 号の類推適用により相殺を認めませんでした。

① (無委託保証人の取得する求償権は破産債権か)

　無委託保証人が弁済をすれば，法律の規定に従って求償権が発生する以上，保証人の弁済が破産手続開始後にされても，保証契約が主たる債務者の破産手続開始前に締結されていれば，当該求償権の発生の基礎となる保証関係は，その破産手続開始前に発生しているということができるから，当該求償権は，「破産手続開始前の原因に基づいて生じた財産上の請求権」(破 2 条 5 項) に当たり，破産債権である。

第4章　破産財団と関係者の権利義務関係

② （相殺禁止の制度趣旨）

　破産手続開始時において破産者に対して債務を負担する破産債権者による相殺であっても，破産債権についての債権者の公平・平等な扱いを基本原則とする破産手続の下においては，上記基本原則を没却するものとして，破産手続上許容し難いことがあり得ることから，破産法71条，72条がかかる場合の相殺を禁止したものと解され，同法72条1項1号は，かかる見地から，破産者に対して債務を負担する者が破産手続開始後に他人の破産債権を取得してする相殺を禁止したものである。

③ （無委託保証人の場合における破産法72条1項1号の類推適用）

　無委託保証人が破産者の破産手続開始前に締結した保証契約に基づき破産手続開始後に弁済をして求償権を取得した場合に，この求償権を自働債権とする相殺を認めることは，破産者の意思や法定の原因とは無関係に破産手続において優先的に取り扱われる債権が作出されることを認めるに等しいものということができ，この場合における相殺に対する期待を，委託を受けて保証契約を締結した場合と同様に解することはできない。

　そして，無委託保証人が上記の求償権を自働債権としてする相殺は，破産手続開始後に，破産者の意思に基づくことなく破産手続上破産債権を行使する者が入れ替わった結果相殺適状が生ずる点において，破産者に対して債務を負担する者が，破産手続開始後に他人の債権を譲り受けて相殺適状を作出した上同債権を自働債権としてする相殺に類似し，破産債権についての債権者の公平・平等な扱いを基本原則とする破産手続上許容し難い点において，破産法72条1項1号が禁ずる相殺と同様である。

　そうすると，無委託保証人が求償権を自働債権とし，主たる債務者である破産者が保証人に対して有する債権を受働債権とする相殺は，「他人の破産債権を取得」した場合ではないが，破産法72条1項1号の類推適用[9,10]により許されない。

178

第 8 節　相殺権

イ　破産債権取得時期が支払不能後の場合（2号）

　破産債権取得の当時，債務を負担する者が，支払不能であることを
知っていたときに，相殺が禁止されます。

ウ　破産債権取得時期が支払停止後の場合（3号）

　破産債権取得の当時，債務を負担する者が，支払の停止があったこ
とを知っていたときに，相殺が禁止されます。ただし，支払の停止が
あった時において支払不能でなかったときは，除外されます。

エ　破産債権取得時期が破産手続開始申立後の場合（4号）

　破産債権取得の当時，債務を負担する者が，破産手続開始申立てが
あったことを知っていたときに，相殺が禁止されます。

(2)　**適用除外**

ア　破産法72条2項1号〜3号

　基本的に破産法71条2項1号〜3号と同じです。

　手形割引[11]が破産法72条2項2号の「前に生じた原因」に該当す
るかが問題になった事案として，最判昭40・11・2民集19巻8号
1927頁（百選65事件）があります。

9　Y銀行が弁済による代位により売掛金等（原債権）を自働債権として相殺をすること
は，「破産手続開始後に他人の破産債権を取得したとき」（破72条1項1号）に直接該
当するから，認められない。
10　Y銀行が保証人ではない全くの第三者である場合でも，Y銀行は弁済による代位と
して売掛金等と，事務管理に基づいて生じた求償権とを取得するが，前者は「破産手続
開始後に他人の破産債権を取得したとき」（破72条1項1号）に直接該当するから相殺
の自働債権とできないし，後者は「他人の破産債権」ではないものの，上記最判と同様
の考えにより，破産法72条1項1号の相殺禁止が類推適用され，相殺は禁止されると
解すべきである（名古屋高判昭57・12・22判時1073号91頁）。
11　売掛金の支払等のために回収した満期前の手形を金融機関・金融業者等の第三者へ
裏書譲渡し，満期日までの利息に相当する額や手数料を差し引いた金額で売却すること
である。回収した手形を満期前に資金化して資金繰りに充てる手段となっている。手形
割引依頼人の信用悪化や手形振出人の信用悪化等一定の事由が発生した場合，手形割引
依頼人が買い戻す義務を負うことを合意していることが多い。

179

Ｂ銀行がＡ社の依頼により，買戻しの特約を含む手形割引契約に基づき手形を割り引いた後，Ａ社に支払の停止があったため，これを理由としてＡ社に対し当該手形の買戻請求をした。その後Ａ社は破産したが，Ｂ銀行は手形買戻代金請求権を自働債権，Ａ社の定期預金債権を受働債権として，相殺の意思表示をした。

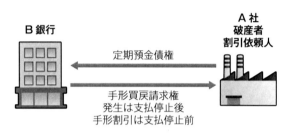

　上記最判は，手形買戻代金請求権は支払停止後に生じたものであるものの，支払停止前の手形割引契約を原因として発生したものであるから，破産法72条2項2号にいう「前に生じた原因」に基づき取得した破産債権に当たり，相殺は認められる旨判示しました。

イ　破産者に対して債務を負担する者と破産者との間の契約（4号）
　破産者に対して債務を負う者が，その債務と相殺できることを前提として，債務者に対し貸付け等の契約により債権を取得する場合です。たとえば，金融機関が定期預金を有する者に対し融資をする場合です。このような契約は，担保に応じて新規融資が行われる（「同時交換的行為」）のと実質的に同じですから，相殺を認めても債権者間の公平を害するとはいえません。逆に相殺を禁止すると，経済的危機に瀕した債務者の取引の機会を奪うことになります。そこで，相殺禁止の例外としたものです。

第8節　相殺権

第4　破産管財人による相殺

　破産管財人は，破産財団に属する債権をもって破産債権と相殺することが破産債権者の一般の利益に適合するときは，裁判所の許可を得て，その相殺をすることができます（破102条）。

　破産管財人の方から破産財団に属する債権をもって破産債権と相殺することは，当該破産債権を支払うのと同じですから，原則許されません。ただし，相手方も破産しているなど，破産財団に属する債権にも実質的価値がないような場合，破産管財人から相殺した方が他の破産債権者にメリットになることもあります。そのような場合には，裁判所の許可を得て，相殺できることとしたものです。

　相殺禁止に該当する相殺を，破産管財人と破産債権者との間で有効と合意した場合，そのような合意は有効なのかが問題となった事案があります。最判昭52・12・6民集31巻7号961頁（百選68事件）は，そのような事案について，相殺禁止の定めは債権者間の実質的平等を図ることを目的とする強行規定であるから，その効力を排除するような当事者の合意は，たとえそれが破産管財人と破産債権者との間でされたとしても，特段の事情のない限り無効だと判示しています。この最判は，現行法102条に対応する規定がなかった旧法下の事案ですが，現行法下でも，裁判所の許可なく，破産管財人が相殺禁止に反する相殺の合意をしても，無効だと考えられます。

第5　「破産債権」対「破産財団帰属債権」以外の相殺の可否

　破産法67条以下の規定が規律しているのは，破産債権を自働債権とし，破産財団帰属財産である債権を受働債権とする相殺です。これ以外の相殺ないし相殺的処理については，自働債権と受働債権の性質に従ってその可否を判断すべきと考えます。

181

第4章　破産財団と関係者の権利義務関係

1　破産債権を自働債権とし，自由財産帰属債権を受働債権とする相殺の可否

　たとえば，会社の取締役（破産者）に対する貸付金を自働債権として，破産後の取締役の報酬請求権と相殺する場合です。破産債権を手続外で行使することは禁止されています（破100条1項）。また，破産法は破産者の経済生活の再生の機会の確保を図ることを目的として（破1条）一定の範囲で自由財産を認めていると考えられます。このような相殺を認めると，自由財産を認めた法の趣旨が没却されることとなるので，許されないと考えます。

2　自由財産帰属債権を自働債権とし，破産債権を受働債権として行う相殺の可否

　たとえば，取締役（破産者）の会社に対する破産後の報酬請求権を自働債権として，会社の取締役（破産者）に対する貸付金と相殺する場合です。破産者は自由財産について完全な管理処分権を有している以上，破産者が相殺する義務のないことを認識した上で，自発的に相殺をするのであれば，認められるものと考えます。もっとも，これを許すと破産債権者が破産者に対して破産者側から相殺を行うよう強要することが予想され，破産者の経済的更生を妨げるおそれがあるとして，認めない見解もあります。

3　財団債権と破産財団帰属債権との相殺の可否

　破産管財人からする相殺については，財団債権の任意弁済に準ずるものですから，許容されるものと考えます。

　財団債権者からの相殺についても，財団債権は破産手続によらないで随時弁済を受けられるものですから（破2条7項），これを認めても破産財団に不利益はないし，決済の便宜でもあり，公平でもありますから，許容されると考えます。ただし，財団不足の場合，割合弁済を定める破産法152条1項本文に反するものとして，相殺は許されないと解す

第8節　相殺権

べきです。

第4章　破産財団と関係者の権利義務関係

第9節

否認権

第1　総論

1　否認権の意義

　破産手続開始前であっても，経済的窮境にある債務者が，合理的な理由もなく財産を減少させたり，一部の債権者にのみ弁済したりすれば，債務者の財産の適正かつ公平な清算を図るという破産の目的（破1条）は達成できません。そこで，法は，破産管財人に，一定の場合にこのような破産手続開始前の行為を失効させ，逸出した財産を回復する権利である否認権を認めています。

　否認制度は，破産，民事再生，会社更生で共通です。民法上の詐害行為取消権（現在の規定）とも類似しています（改正民法では，条文もおおむね共通）。

2　否認対象行為の種類（大分類）

　大きく分けて，次の2種類があります。

①　財産減少行為（狭義の詐害行為）

　債務者の財産を無償や廉価で処分するなど，債務者の責任財産（資産−負債）を絶対的に減少させる行為

②　偏頗行為（へんぱこうい）

　一部の債権者にのみ弁済したり，担保提供したりする行為

　そのほか，特別の類型として，③　対抗要件具備行為（破164条）があります。

184

第9節　否認権

3　否認対象となる行為の時期

⑴　基本的な考え方

　債務者は，通常であれば，自己の財産に関する管理処分権に何らの制限も受けません。その財産を自由な対価で第三者に譲渡し，また自己の意思に従い債権者に弁済することができます。しかし，破産手続開始前であっても，経済的に危機にあり支払能力が不足する可能性のある債務者が，合理的な理由もなく財産を減少させたり，一部の債権者にのみ弁済したりすれば，債務者の財産の適正かつ公平な清算を図るという破産の目的（破１条）は達成できません。そのような債務者は，債権者に対してその財産を責任財産として維持することが求められていると考えます。にもかかわらず債務者がした財産減少行為や偏頗行為の是正手段として否認権が認められているわけです。そのため，否認対象となる行為は，基本的には，債務者の危機時期以降に行われたものです。

　そのような危機時期であることを示す事実として，支払不能（破２条11項），支払停止，破産手続開始の申立て，法人の場合の債務超過（破16条１項）があります。支払不能及び法人の場合の債務超過は，破産原因であり（破15条１項，16条１項），支払停止は支払不能を推定させる事実です（破15条２項）。

　後述する各否認類型は，基本的には危機時期以降の行為を対象としつつも，行為の内容や行為の相手方の認識等との兼ね合いにより，危機時期であることを示す事実としてどの事実を要件とするかが違っています。また，危機時期であることを示す事実が生じる前の行為をも対象にできるものもあります。

⑵　支払不能の意義

　支払不能とは，債務者が，支払能力を欠くために，その債務のうち弁済期にあるものにつき，一般的かつ継続的に弁済することができない状態をいいます（破２条11項　第３章第１節第１の３⑴参照）。

185

第 4 章　破産財団と関係者の権利義務関係

　否認の要件としての支払不能に該当するかが問題となった事案とし
て，東京地判平 19・3・29 金判 1279 号 48 頁 (百選 25 事件) があります。
以下の事案で，債務者がどの時点で支払不能に該当するかが問題とな
りました。

　A 社は次のとおり大口債務の弁済期が到来する。
　11 月 19 日　Y 銀行からの借入金 16 億円
　11 月 21 日　手形債務 7 億円
　他方，A 社の弁済資金は，必要資金に 1 億円不足する 22 億円
しかない。しかし，A 社は，A 社の財務状況を全て知っている Y
銀行に対し，11 月 21 日 16 億円を返済した後に，11 月 22 日に破
産を申し立てた。

　同地判は，破産法 2 条 11 項の文言から，支払不能であるか否かは，
現実に弁済期の到来した債務について判断すべきであり，弁済期未到
来の債務を将来弁済することができないことが確実に予想されたとし
ても，弁済期の到来した債務を現在支払っている限り，支払不能とい
うことはできないと判示しました。しかし，具体的な当てはめの段階
では，A 社は，支払能力を欠くために，11 月 21 日の午前零時以降に
弁済期の到来する債務について，一般的かつ継続的に弁済することが
できない状態にあったとして，同日午前零時の時点で，支払不能に
なったと判示し，否認を認めました。
　近い将来弁済期が到来し債務の履行ができないことが確実であって
も，弁済期が到来していない場合，支払不能とはいえないのかが問題
となります。上記東京地判が判示したように，定義規定 (破 2 条 11 項)
の文言上，支払不能であるか否かは，現実に弁済期の到来した債務に
ついて判断すべきであり，弁済期未到来の債務を将来弁済することが
できないことが確実に予想されたとしても，支払不能ということはで
きないという解釈が自然ではあります。しかし，債務者が弁済期の到
来している債務を現在支払っている場合であっても，債務者が無理算

段をしているような場合，すなわち全く返済の見込みの立たない借入れや商品の投売り等によって資金を調達して延命を図っているような状態にある場合には，いわば糊塗された支払能力に基づいて一時的に支払をしたにすぎないのであるから，客観的に見れば支払能力を欠くとして，支払不能と認定した裁判例もあります[1]。

(3) 支払停止の意義

　支払停止とは，債務者が資力欠乏のため債務の支払をすることができないと考えてその旨を明示的又は黙示的に外部に表示する行為をいいます。たとえば，2回目の不渡りによる銀行取引停止処分[2]，営業廃止の貼り紙，債権者説明会での営業廃止宣言，夜逃げなどがこれに当たります。債務整理開始通知[3]も通常は支払停止に該当します[4]（第3章第1節第1の3(1)イ参照）。

　否認の要件としての支払停止の意義が問題になった事案として，最判昭60・2・14判時1149号159頁（百選26事件）があります。以下のような事案で，どの時点で支払停止になったかが問題となりました。

　　Aは，昭和56年4月10日，Yから弁済期を8月末として1500万円を借り受け，その際，本件土地建物について抵当権設定契約（未登記）を締結した。Aは，その後資金繰りに窮し，同年

1　高松高判平26・5・23判時2275号49頁，広島高判平29・3・15金判1516号31頁。
2　経営不振に陥り債務超過となった会社が，1回目の手形不渡を出したときは，資金の手当てを失念したというような特段の事情がない限り，支払停止に該当するとする裁判例もある（東京地判平6・9・26金法1426号94頁）。
3　債権者一般に宛てて代理人弁護士から「当職は，この度，後記債務者から依頼を受け，同人の債務整理の任に当たることになりました。今後，債務者や家族，保証人への連絡や取立行為は中止願います。」などと通知する場合。
4　最判平24・10・19判時2169号9頁は，前注3のような記載があれば，破産予定が明示されていなくても，債務整理開始通知は支払停止に当たるとする。ただし，その補足意見は，一定規模以上の企業に関する再建型私的整理開始の通知において，合理的で実現可能性が高く，金融機関等との間で合意に達する蓋然性が高い再建計画が策定，提示されて，これに基づく弁済が予定されている場合は，支払停止とならない可能性を示している。

第4章　破産財団と関係者の権利義務関係

10月8日B弁護士と面談の上債務の整理について相談した結果，同月15日満期の約束手形の決済が困難なので，破産の申立てをするとの方針を決めた。Yは，同月14日かねてよりAから受領していた書類を使って抵当権設定の仮登記手続をし，翌15日に終了した。B弁護士は，同日Aの代理人として破産の申立てをし，同月29日破産手続開始決定がなされた。破産管財人は，Aは，同月8日B弁護士と債務整理につき相談して破産申立ての方針を決めたから，遅くとも同日の時点で，資力欠乏のため債務の支払をすることができない状態にあることを明示的に表示し，支払の停止をしたものと認めるのが相当であるとして，破産法164条により仮登記の否認登記手続請求 (後記第4参照) をした。

　上記最判は，支払停止を上記のとおり定義した上で，債務者が債務整理の方法等について債務者から相談を受けた弁護士との間で破産申立ての方針を決めただけでは，いまだ内部的に支払停止の方針を決めたにとどまり，債務の支払をすることができない旨を外部に表示する行為をしたとすることはできないと判示しました。

4　否認権行使の具体例

　第1章のモデルストーリーに即して考えると，財産減少行為 (狭義の詐害行為) の具体例として，以下のような事案が想定できます。

　　モンキー食品の青森社長は，モンキー食品がすでに債務超過に陥っていた平成28年1月，会社で所有していた名画 (時価300万円) を会社の窮状を知っていた友人に100万円で譲渡した。

　上記の事案の場合，破産者が破産債権者を害することを知ってした行為であり，受益者である友人も，その行為の当時，破産債権者を害することにつき悪意であったといえるので，破産管財人は破産法160

第9節　否認権

条1項1号に基づき，名画の譲渡を否認し，友人に対し名画の返還を求めることができます（破167条1項）。この場合，友人は，支払った代金100万円につき財団債権者として返還を求めることができます（破168条1項2号）。

偏頗行為の具体例としては，第1章11をご参照ください。

第2　財産減少行為（狭義の詐害行為）の種類と要件

1　狭義の詐害行為否認（破160条1項1号）

> 破産者が破産債権者を害することを知ってした行為。ただし，受益者が，その行為の当時，破産債権者を害することにつき悪意であったことが必要。

上記第1の4の具体例がこれに当たります。

破産債権者を害する行為（詐害行為）とは，債務者の責任財産（資産−負債）を絶対的に減少させる行為をいいます。破産法160条1項柱書で既存の債務についての担保供与・債務消滅行為は明示的に除外されています。

条文上は行為の時期に関する限定はありませんが，破産になる可能性がない時期の行為であれば後に是正する必要はなく，「破産債権者を害する」という評価は妥当しません。したがって，破産債権者を害する行為というには，破産原因（支払不能。法人の場合，加えて債務超過）が生じ，又は確実に生じることが予測される時点以降，すなわち債務者が債権者に対してその財産を責任財産として維持することが求められる時期における行為である必要があると考えます。

受益者（その行為によって利益を受けた者）が，その行為の当時，破産債権者を害することにつき悪意であったことについて，破産管財人が証明責任を負います。

189

第 4 章　破産財団と関係者の権利義務関係

2　危機時期後の詐害行為否認 （破 160 条 1 項 2 号）

> 破産者が支払の停止又は破産手続開始申立てがあった後にした破産債権者を害する行為。受益者が，その行為の当時，支払の停止又は破産手続開始申立て（以下「支払の停止等」という）があったこと及び破産債権者を害することを知らなかったときは，この限りでない。

1 の類型と比べると，債権者を害する行為の時期について，支払の停止又は破産手続開始の申立後[5] という要件が加わり，破産者の詐害意思は要件とされていません。受益者側の主観的要件の証明責任は転換されており，受益者が，その行為の当時，支払の停止等があったこと及び破産債権者を害することを知らなかったことを証明したときは，否認できません。

3　詐害的債務消滅行為 （対価的均衡を欠く代物弁済等） の否認
（破 160 条 2 項）

> 上記 1 又は 2 に掲げる要件のいずれかに該当するときに，破産者がした債務の消滅に関する行為であって，債権者の受けた給付の価額が当該行為によって消滅した債務の額より過大であるもの

たとえば，破産者が債務超過に陥った後，破産者及び受益者が他の破産債権者を害することを知りながら（1 の要件に該当している場合），100万円の債務に対して 300 万円の動産をもって代物弁済した場合です。

代物弁済等により消滅した債務の額に相当する部分以外の部分に限

5　破産手続開始の申立後の行為に関しては，再生手続等の他の手続が破産手続に先行している場合には，それらの手続の開始申立が破産手続開始の申立てとみなされる（民再252 条 1 項，会更 254 条 1 項 3 項）。

190

り，破産財団のために否認することができます。結果，破産管財人は，債務の額を超過する部分について，受益者に対して金銭給付を求めることとなります。上記例の場合であれば，破産管財人は受益者に対し200万円の給付を求めることになります。

弁済などの債務消滅行為は，債務者の責任財産（資産－負債）を絶対的に減少させるわけではないので，原則的に詐害行為否認の対象とはなりません（破160条1項柱書括弧書き）。しかし，形式的には債務消滅行為に当たる場合であっても，代物弁済の目的物の価額が債務の額と比較して過大である場合など，給付と消滅債務との間の対価的均衡を欠く場合には，少なくとも超過する給付額の限度では，詐害行為としての性質を持ちます。そこで，その範囲で否認を認めたものです。

なお，代物弁済等の債務消滅行為が後述する偏頗行為否認の要件を満たしている場合には，債務消滅行為全体を偏頗行為として否認することができます。

4　無償行為否認（破160条3項）

> 支払の停止等があった後又はその前6か月以内の行為で，破産者がなした無償行為又はこれと同視すべき有償行為

(1)　無償行為否認の要件

無償行為とは，贈与（民549条），債務免除（民519条），権利放棄など，対価なしに財産を減少し，又は債務を増加させる一切の行為をいいます。

無償行為否認は，詐害行為のうち破産者がなした無償行為又はこれと同視すべき有償行為のみを対象としますが，破産者の詐害意思や受益者の悪意など主観的要素は必要とされない上，支払の停止等の前6か月以内の行為をも対象とします。

最判平29・11・16民集71巻9号1745頁では，行為の時に債務超過であること又はその無償行為等により債務超過になることを要する

か問題となりましたが，同最判は，本項の趣旨を，その否認の対象である行為が対価を伴わないものであって債権者の利益を害する危険が特に顕著であるため，専ら行為の内容及び時期に着目して特殊な否認類型を認めたことにあるとした上で，条文に規定されていないそのような要件を要するとすることは，本項の趣旨に沿わないと判示しました。

(2) 無償行為否認の効力に関する特則

無償行為否認の相手方は，当該行為の当時，支払の停止等があったこと及び破産債権者を害することを知らなかったときは，その現に受けている利益を償還すれば足ります（破167条2項　後記第7の1(2)参照）。

(3) 会社代表者の会社債務に関する保証・物上保証は無償行為か

以下のような事案を想定してみます。

A銀行がB社に融資をするに当たり，B社の代表取締役であるCが自宅不動産を担保として提供した。この際，A銀行はCに対し保証料を支払わなかった。その3か月後にB社及びCは破産手続開始の申立てをした。

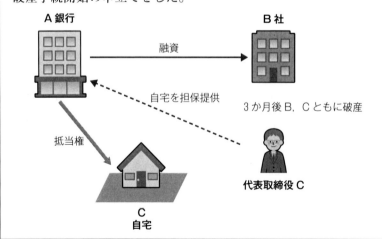

第9節　否認権

ア　問題点

Cの破産管財人は，自宅不動産の担保提供を無償行為として否認できるかが問題です。上記事案は物上保証の事案ですが，Cが保証した場合も同じ問題が生じます。もしＡ銀行がＣから担保提供を受けるに当たりＣに相当額の保証料（保証を受けることの対価）を支払っていれば，Ｃの担保提供は無償行為とはいえません。しかし，金融実務において，融資先会社の代表者に保証や物上保証を受ける場合に，保証料を支払うことはまずありません。

問題は，無償性を誰について判断するかです。Ｃの担保提供は，Ｃの立場で見れば，保証料をもらっていないので，無償ともいえます。しかし，Ａ銀行の立場で見れば，Ｃの担保提供と引換えにＢ社に融資をしていますから，無償ではないともいえます。

次の問題は，Ｃの担保提供によりＣが受ける利益をもって，無償性を否定することができるかです。Ｃは物上保証の履行により求償権を取得します。また，Ｂ社が同族会社である場合には，融資によりＢ社の経営が維持されることにより，Ｃにとっては，Ｃ保有の株式の価値が維持されたり，役員報酬の支給が継続されたりするなどの利益があります。これらの点から，Ｃの担保提供は無償ではないという評価もあり得ます。

イ　最判昭62・7・3民集41巻5号1068頁（百選34事件）

これらの点に関し，上記最判（多数意見）は，無償性は専ら破産者について判断するとし，代表者の担保提供は無償行為に当たるとしました。無償行為否認は，破産者及び受益者の主観を顧慮することなく，専ら行為の内容及び時期に着目して特殊な否認類型を認めたものだから，条文に忠実に解釈すべきと考えたものと思われます。そして，Ｃの担保提供とＡ銀行のＢ社への融資は事実上の関係があるにすぎず，対価関係にあるわけではないし，また，Ｃが取得する求償権は担保提供の対価とはいえないとしています。

また，同族会社の場合も同様と判示しました。また，代表者個人の

193

第4章　破産財団と関係者の権利義務関係

破産手続は会社とは別個の代表者個人に対する総債権者の満足のため行われるものであることから，やはり無償性は代表者個人について判断することが自然と考えたものと思われます。

ウ　否認の効果について

　担保提供は遡及的に無効となります（破167条1項）。もっとも，上記最判では問題となっていませんが，A銀行が担保提供を受けた際，支払の停止等があったことも，破産債権者を害することも知らなかったときは，A銀行は現に受けている利益を償還すれば足ります（破167条2項）。

　もしA銀行がCに保証料を支払っていれば無償行為ではなかったのですから，上記のときには，保証料相当額（通常は借入金の利率より小さい）が現に受けている利益であり，A銀行は保証料相当額を返還すればよいという考えもあり得ます。もっとも，担保提供そのものが「現に受けている利益」とする考え方や融資をしているので「現に受けている利益」はないとする考え方もあり得ます。

エ　会社代表者が個人保証しても負担が増加しない場合

　最判平8・3・22金法1480号55頁は，以下のような事案です。

　会社経営者が，その経営する会社の金融機関に対する債務につき包括的に保証していた。その後，その経営者は，会社の委託を受けて当該会社が金融機関に対して負う取引上の債務につき信用保証をした信用保証協会[6]に対し，会社の負う求償債務について連帯保証をした。それから5か月後経営者は破産し，破産管財人は，信用保証協会に対してした保証について無償行為否認を主張した。

6　信用保証協会法によって設立される法人。中小企業が市中金融機関から融資を受ける際に，その債務を保証することで，中小企業の資金繰りの円滑化を図ることを目的としている。おおむね県ごとに設立されている。

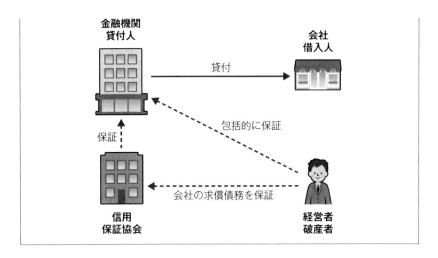

　上記平成8年最判は，この場合，否認できないと判示しました。この場合，破産者は金融機関の会社に対する貸付けについて包括的に保証しているため，信用保証協会に対して会社の負う求償債務について連帯保証しても，破産者が負う負担が以前より実質的に増加しているわけではありません。そのため，有害性（後記第5の1参照）が欠如しているものと考えたものです。

5　相当の対価を得てした財産処分行為の否認（破161条）

　破産者が相当対価を得てした財産処分行為で，次に掲げる要件のいずれも認められる場合
　① 金銭への換価等財産の種類の変更による隠匿等の処分のおそれ
　② 破産者の隠匿等の処分をする意思
　③ 隠匿等の処分をする意思について相手方の悪意

(1)　規定の趣旨

　破産者が財産を適正価格で処分した場合であっても，実質的危機時期に不動産等の資産を費消しやすい金銭等に変えて隠匿，無償の供与

第4章　破産財団と関係者の権利義務関係

その他の破産債権者を害することとなる処分をする場合には，破産債権者の利益を害することがあります。そこで，破産者がそのような意思をもって財産処分行為を行った場合には否認の可能性を認めるとともに，破産者が隠匿等の処分をする意思を持っていた場合に限ることで，破産者の資金調達の手段を確保し，また破産者の意思に関する相手方の悪意を要件とすることで，取引の安全を保護することを図ったものです。

(2)　内部者に関する証明責任の転換 （破161条2項）

　財産処分行為の相手方が，破産者の内部者の場合，経験則上，破産者の隠匿等の処分の意思を知っていることが一般的であると考えられます。そこで，相手方が次に掲げる者のいずれかであるときは，立証責任を転換し，破産者の隠匿等の処分をする意思について，相手方の悪意を推定しています。

　ア　破産者が法人である場合のその理事，取締役，執行役，監事，監査役，清算人又はこれらに準ずる者

　イ　破産者が法人である場合にその破産者について次の①から③までに掲げる者のいずれかに該当する者 （親会社，親法人等）

　　①　破産者である株式会社の総株主の議決権の過半数を有する者

　　②　破産者である株式会社の総株主の議決権の過半数を子株式会社又は親法人及び子株式会社が有する場合における当該親法人

　　③　株式会社以外の法人が破産者である場合における①又は②に掲げる者に準ずる者

　ウ　破産者の親族又は同居者

(3)　「財産の種類の変更」とは

　換金性の低い財産を換金性の高い財産に変えることにより，隠匿等の処分のおそれが現に生じる場合です。典型的な行為は，不動産の金銭への換価です。

(4) 「隠匿，無償の供与その他の破産債権者を害することとなる処分（隠匿等の処分）」とは

隠匿，無償の供与等に類する債務者の責任財産（資産－負債）を絶対的に減少させる行為を指し，偏頗弁済は含まないと考えられます。

(5) 具体例

相当対価による財産処分の事案として，東京高判平5・5・27判時1476号121頁（百選30事件）があります。

> Aは，B会社の代表者であるが，A所有の土地上にB社名義でビジネスホテルを建設することを計画し，C建設会社との間で，代金を1億7000万円とし，完成時一括払いの約定で建築請負契約を締結した。その際，この土地については，D銀行のために極度額1億4000万円の根抵当権が設定されていた。その後，C建設は，ABが多額の債務を抱えており，建築代金の回収が危ぶまれたことから，A及びB社の承諾を得て，事情を知っているYに対し，土地を1億円，原始取得していた建物を1億8000万円，合計2億8000万円で売却し（土地についてはAの代理人として），土地代金1億円のうち8000万円はD銀行への弁済に充て，残り2000万円はCが立て替えた売却費用等の精算のためCが取得した。建物代金1億8000万円はCが取得した。その後，A及びB社は破産手続開始決定を受け，A及びB社の破産管財人は，Yに対し，土地売買の否認を主張した。なお，土地代金，建物代金はそれぞれ相当な対価である。

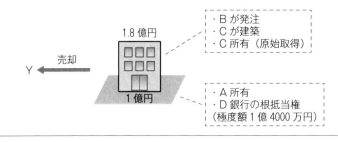

第4章　破産財団と関係者の権利義務関係

　破産法161条に対応する条文のなかった旧破産法下の判決である上記東京高判は，この事案について，①土地代金のうち抵当債務の弁済に充てられた8割の部分は有害性がないので否認の対象にならない，②残部は否認の対象となり得るが，抵当不動産は不可分であるから土地全部についての売買契約を否認することができないと判示しました。

　現行法下であれば，破産法161条の適用が問題になったはずです。土地代金を①D銀行への弁済及び②売却費用の支払に充てたことが隠匿等の処分に該当するかが問題となります。担保権が把握している部分はもともと破産債権者への配当原資とはならないものですから，①は隠匿等の処分には当たらないと考えられます。売却費用は目的物を換価するために通常必要なものであって，この部分も破産債権者への配当原資とならないので，②も隠匿等の処分には当たらないと考えます。なお，この部分はCの立替金債権への弁済という見方も成り立つかもしれませんが，別途偏頗弁済の否認の規定がありますから，それで対処すればよく，偏頗弁済は隠匿等の処分には該当しないと考えます。

第3　偏頗行為否認の種類と要件

1　偏頗行為否認 （破162条1項1号）

> 　担保供与又は債務消滅に関する行為で，支払不能後又は破産手続開始の申立後の行為。ただし，債権者が危機時期にあることについて悪意の場合に限る。

(1)　担保供与又は債務消滅に関する行為

　債務消滅行為の典型的なものは弁済・代物弁済です。

(2)　同時交換的行為の除外

　否認の対象となるのは，担保供与行為又は債務消滅行為が，「既存

第9節　否認権

の債務についてされた」場合に限られます。新規の債務について担保を供与する行為や現金売買のように債務発生と同時にされる弁済行為（同時交換的行為）は，偏頗行為否認の対象とはなりません。

　これによって，特に担保権の設定が融資と同時に又は融資に先行してされた場合を否認の対象から除外し，いわゆる救済融資等を安全に行えるようにしたものです。

　以下のような事案を想定してみます。この事案は，仙台高判昭53・8・8金判566号36頁（百選33事件）をモデルにしたものです。

> 　A社は，経営状況が悪化し，支払不能の状況にあるが，再建資金を得るために，Y銀行に融資を申し込んだ。Y銀行はA社の状況を把握していたが，救済のため，A社の第三債務者に対する売掛金を譲渡担保に取った上で，融資をした。なお，融資と譲渡担保権の評価額はおおむね見合っている。後にA社が破産し，破産管財人は上記譲渡担保設定の否認を主張した。

　上記仙台高判は，「債務者があくまで事業の継続を図り，これを前提として緊急の支払資金を得べく他から借入れをなし，これに担保を提供する行為は借入額と担保物件の価格との間に合理的均衡が保たれている限り，一般債権者の利益を害するものではなく，……否認権行使の対象とはならない」と判示しました。現行法下であれば，上記譲渡担保は「既存の債務についてなされた」ものではないので，破産法162条1項により否認することはできないという結論になるでしょう。また，責任財産が減少していないので，破産法160条1項により否認することもできないし，再建資金としての使用は「隠匿等の処分」にも該当しないので，破産法161条1項により否認することもできません。

199

(3) 手形債務支払の場合等の例外 (破163条)

ア 手形債務支払の場合の例外 (破163条1項)

偏頗行為否認 (破162条1項1号) の規定は，破産者から手形の支払を受けた者がその支払を受けなければ手形上の債務者の1人又は数人に対する手形上の権利を失う場合には，適用されません。

上記のように約束手形の振出し，裏書譲渡がなされた例を考えると，手形所持人が振出人に手形を呈示し，支払のないときは呈示期間内に支払拒絶証書 (手44条，77条1項4号) を作成しなければ裏書人に対する遡求権 (手43条，77条1項4号) を失うことになります (手53条1項)。呈示して支払を受けたとしても，後に偏頗行為否認がなされるとすると，その時点ではすでに拒絶証書作成期間が徒過しているために遡求権を保全できないことになります。このようなジレンマから手形所持人を救済し，手形制度の安定を図るための例外規定です。

振り出された手形を受取人がそのまま所持している場合には，受取人は手形を満期に呈示しなくとも振出人に対する請求権を失わないし，他に遡求義務者もいませんから，本条の要件に該当しません。

下記のような事案において，本項が適用されるのか問題となったことがあります (最判昭37・11・20民集16巻11号2293頁 (百選35事件))。

A社が第三者から振出交付を受けた約束手形をY銀行で割り引いたが[7]，その後A社が支払停止となったことから，Y銀行はA社に約束手形の買戻しを要請し，A社はこれを買い戻した。後にA社が破産し，破産管財人はこの買戻しの否認を主張したが，Y銀行は破産法163条1項の適用を主張した。

---

[7] 手形割引については，第4章第3節第2の4(3)ウ参照。

第9節 否認権

　上記最判は，破産法163条1項は，破産者から手形の支払を受けた者が，その支払がなければ前者に対する遡求権行使のための法定手続を履践しておいたであろうことを考慮する制度だとした上で，同項にいう「債務者の1人又は数人に対する手形上の権利」とは，前者に対する遡求権を指し，「手形の支払」とは，約束手形にあっては振出人の支払を指すとし，振出人でない破産会社が支払ないし手形買戻しをした場合には，同条項を適用ないし類推適用する余地は全くないと判示しました。

イ　濫用の防止（破163条2項）

　アの場合において，最終の償還義務者又は手形の振出しを委託した者が振出しの当時支払の停止等があったことを知り，又は過失によって知らなかったときは，破産管財人は，これらの者に破産者が支払った金額を償還させることができます。

　アの規定を濫用して，破産者に支払停止等があったことを知りながら，手形を利用して債権の満足を受ける場合が生じ得るので，これを防止する規定です。

ウ　租税等・罰金等の請求権の特則（破163条3項）

　租税等の請求権（破97条4号）と罰金等の請求権（同条6号）については，偏頗行為否認の適用が除外されています。その趣旨は，公法上の請求権を政策的に保護したとか，請求権の性質上，いったん弁済された後に，返還することにはなじまないなどと説明されています。

2　非義務行為（破162条1項2号）

> 　担保供与又は債務消滅に関する行為で，破産者の義務に属せず，又はその時期が破産者の義務に属せず，かつ支払不能になる前30日以内になされたもの。ただし，債権者が他の破産債権者を害することを知らなかったときは，この限りでない。

第4章　破産財団と関係者の権利義務関係

(1) 「破産者の義務に属せず，又はその時期が破産者の義務に属しない行為」とは

たとえば，担保提供の合意がなかったものを担保提供するとか，弁済期前に弁済するなどの行為をいいます。

(2) 趣旨

支払不能発生の直前に，支払不能になることを知った債務者が，義務ではない担保供与や債務消滅行為をすることにより，偏頗弁済行為を否認対象とした趣旨は容易に潜脱されます。そこで，このような行為を否認対象とすべく，本号の規定が設けられたものです。

第4　対抗要件否認 （破164条）

> 支払の停止等があった後の対抗要件具備行為で，権利の設定，移転又は変更があった日から15日を経過した後に，支払の停止等を知ってしたもの。ただし，仮登記又は仮登録があった後にこれらに基づいて本登記又は本登録をした場合は，この限りでない。

1　趣旨

対抗要件具備行為とは，不動産物権変動 （民177条），集合動産・債権譲渡についての登記 （動産債権譲渡特3条，4条），自動車抵当についての登録 （自抵5条），動産物権変動についての占有移転 （民178条），債権譲渡についての確定日付ある通知 （民467条2項） などです。

対抗要件具備行為は本来的に否認の対象となると見るかどうかで，本条の趣旨の見方が分かれており，2つの考え方があります。

(1) 制限説

対抗要件具備行為も本来は否認の対象となり得るが，当事者間では

すでに権利変動があったことから，否認できる範囲を制限する特則と理解する見解です。裁判例はおおむねこの見解に沿っています。

この見解は，さらに①債務者の詐害意思を要件とする否認類型（狭義の詐害行為否認等）及び債務者の詐害意思を要件とせずに危機時期にされた行為を対象とする否認類型（偏頗行為等）の両方の特則と見るか，②後者だけの特則と見るかで，見解が分かれています。後者だけの特則と見ると，支払の停止等の前の対抗要件具備行為を詐害行為，無償行為として否認する余地があることになります（後記2(3)参照）。

(2)　創設説

対抗要件具備行為は，本来は否認の対象となり得ないが，権利の設定等があったのに公示がされない場合，その後の対抗要件具備を有効とすると，過分の信用を与えた第三者は不測の損害を被るという理由から，対抗要件具備行為の否認を創設したと理解する見解です。

2　裁判例

前出最判昭60・2・14（第1の3(3)）のほか，以下のような裁判例があります。

(1)　債権譲渡における第三債務者の承諾を否認できるか

最判昭40・3・9民集19巻2号352頁では，破産者がその有する債権を他人に譲り渡し，支払停止後に第三債務者がこの債権譲渡を承諾した場合，この第三債務者の承諾（民467条）を本条により否認し得るかが問題となりました。

同最判は，制限説に立った上で，本条により否認し得る対抗要件充足行為も，偏頗行為否認と同様，破産者の行為又はこれと同視すべきものに限られるとしました（後出第5の3参照）。したがって，破産者がその債権を譲渡した場合における当該債務者の承諾は，同条による否認の対象とはならないと判示しました。

第4章　破産財団と関係者の権利義務関係

(2)　停止条件付集合債権譲渡契約の否認

　最判平16・7・16民集58巻5号1744頁（百選37事件）では，下記のような事案で，債権譲渡が否認できるかが問題となりました。

　A社は，その債権者である金融業者Y社との間で，A社がY社に負担する一切の債務の担保として，A社の特定の第三債務者らに対する現在及び将来の売掛債権等をY社に包括的に譲渡した。この譲渡担保契約において，その債権譲渡の効力発生の時期は，破産手続開始の申立てがされたとき，支払停止の状態に陥ったとき，手形又は小切手の不渡処分を受けたとき等の一定の事由が生じたときとされた。

　その1年後A社は，手形の不渡りを出し，支払を停止し，その3日後A社は第三債務者らに対し，確定日付のある証書による債権譲渡の通知をした。Y社は，これに基づき第三債務者らから売掛金等の回収をした。

　その後A社は破産した。

　上記譲渡担保契約締結は危機時期前なので，破産法162条1項1号を文字どおりに解すれば，同号により否認することはできません。対抗要件否認（破164条）は，権利の設定があった日から15日を経過した後に，対抗要件具備行為がなされることが要件ですが，上記事案では債権譲渡の効力発生時（手形不渡発生時）から3日後に対抗要件具備行為がされているので，対抗要件否認の対象にもなりません。

　集合債権譲渡担保を設定する際に，直ちに債権譲渡の通知を行って譲渡人（譲渡担保設定者）の経営危機が疑われるのを避けるために，譲受人が譲渡通知書の差し入れを受けた上で，実際には，経営危機が生じるまで通知を留保しておくことが多かったのです[8]。しかし，単純

8　動産及び債権の譲渡の対抗要件に関する民法の特例等に関する法律により対抗要件を備えることも可能。

第9節　否認権

にそのようにすると，債権譲渡から対抗要件具備行為までの間が15日を超えてしまい，対抗要件否認の対象になってしまうため，上記事案のような方法が取られたものと推測されます。

上記最判は，次のように判示し，破産法162条1項1号により債権譲渡契約の否認を認めました。

「債務者の支払停止等を停止条件とする債権譲渡契約は，その契約締結行為自体は危機時期前に行われるものであるが，契約当事者は，その契約に基づく債権譲渡の効力の発生を債務者の支払停止等の危機時期の到来にかからしめ，これを停止条件とすることにより，危機時期に至るまで債務者の責任財産に属していた債権を債務者の危機時期が到来するや直ちに当該債権者に帰属させることによって，これを責任財産から逸出させることをあらかじめ意図し，これを目的として，当該契約を締結しているものである。

上記契約の内容，その目的等にかんがみると，上記契約は，破産法72条2号（著者注：現行破162条1項1号）の規定の趣旨に反し，その実効性を失わせるものであって，その契約内容を実質的に見れば，上記契約に係る債権譲渡は，債務者に支払停止等の危機時期が到来した後に行われた債権譲渡と同視すべきものであり，上記規定に基づく否認権行使の対象となる。」

⑶　支払停止等の前になされた対抗要件具備行為の否認の可否

東京地決平23・8・15判タ1382号349頁では，次のような事案で，対抗要件具備行為（根抵当権設定登記）が否認できるかが問題となりました。

グループ会社であるA社及びB社は，平成22年11月中旬頃，巨額の粉飾を行っていたことが，主力取引銀行であるY₁銀行，準主力取引銀行であるY₂銀行に判明した。

A社・B社は，事業再建の方策として，事業再生ADR手続[9]を利用することとし，Y₁Y₂に対して，近く資金繰り破綻に至ること，事業再生ADR手続を通じた再建を企図していることを伝えた上，

借入金債務の支払の猶予等の要請をした。その上で、A社・B社は、12月20日、事業再生ADR手続の利用申請をし、同日受理された。そこで、A社・B社は、直ちにY_1、Y_2を含む取引金融機関に対し、その旨の通知（「一時停止の通知」）をした。この通知には、支払の猶予や債務の減免を求める趣旨が記載されていた。

このような状況下において、Y_1銀行は、A社の借入金債務につき同社との間で平成17年に締結した根抵当権設定契約に基づき、12月27日、A社所有の不動産につき、根抵当権設定登記を行った。

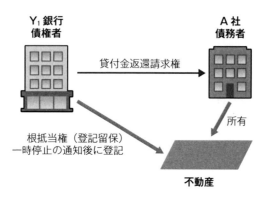

また、Y_2銀行は、A社の借入金債務につきA社及びB社との間で平成21年に締結した根抵当権設定契約に基づき、12月24日、B社所有の不動産について根抵当権設定登記を行った。

9　経営危機に至った企業が、中立な第三者機関である事業再生実務家協会のあっせんにより、金融機関と債務者との話し合いをもとに、自主的な再建を図る手続　http://www.turnaround.jp/index.php

第9節　否認権

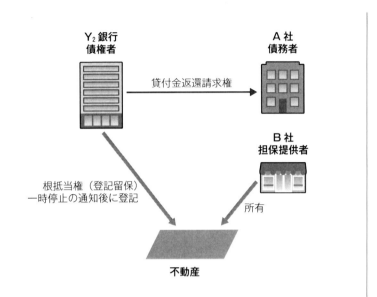

　その後A社，B社は事業再生ADRによる再建に失敗し，会社更生を申し立てた。
注：会社更生法の否認の規定は破産法のそれと同じである。

ア　事業再生ADR手続を前提に支払の猶予を要請したことは，支払の停止に当たるか。

　対抗要件否認の規定によって対抗要件具備行為を否認するには，対抗要件具備行為が支払停止後になされることが要件です。上記事案において，根抵当権設定登記の前の事象で，支払停止に該当しそうなものとしては，事業再生ADR利用の通知（一時停止の通知）しかなかったので，その支払停止該当性が問題になりました。

　上記東京地決は，「支払の免除又は猶予を求める行為であっても，合理性のある再建方針や再建計画が主要な債権者に示され，これが債権者に受け入れられる蓋然性があると認められる場合には，一般的かつ継続的に債務を弁済できない旨を外部に表示する行為とはいえないから，「支払の停止」ということはできない」と判示しました。

　そうすると，対抗要件否認の要件を満たさないことになります。

第4章　破産財団と関係者の権利義務関係

イ　支払停止等の前になされた対抗要件具備行為を破産法160条の詐害行為の規定により否認できるか。

　上記東京地決は，対抗要件の否認の規定は，債務者の詐害意思を要件とする否認類型の特則ではなく，債務者の詐害意思を要件とせずに危機時期にされた行為を対象とする否認類型の要件を加重する趣旨に出た特則と解しました（上記1 (1) 制限説の②の見解）。そこで，狭義の詐害行為否認や無償行為否認の要件に該当する場合，これらの規定により対抗要件具備行為を否認することが可能としました。

　その上で，Y_1 の対抗要件具備行為は，既存の債務についてなされた担保の供与であって，狭義の詐害行為に当たる余地はないとしましたが，Y_2 の担保提供は物上保証であり，その対抗要件具備行為は，無償行為に当たる（本節第2の4(3)参照）として否認できるとしました。

第5　否認の一般的要件

　否認の要件は，上記のとおり対象行為ごとに個別に規定されています。そのほか対象行為を問わず，下記の一般的要件が問題となる場合があります。

1　有害性

(1)　概説

　否認が認められるには，当該行為が破産債権者にとって有害であることを要するものと考えられています。

　有害性が欠ける例として，担保目的物の価値が被担保債権額を超えていない場合に，目的物を任意売却して代金を債権者に弁済する事例や代物弁済に供する事例があります。そのような場合は，仮に破産時に当該担保目的物が残っていたとしても，それは破産債権者の配当原資とはならないので，上記各事例は他の破産債権者を害していません。そのため，否認できません。

208

そのほか，財団債権となるべき債権を破産前に弁済することや，財団債権が多額のため破産債権者に対する配当が見込めない債務者が破産前に一部の債権（破産債権となるべき債権）を弁済することは，破産債権者に対する配当額に影響を与えないため，有害性があるのか問題となります。

(2) 返済のための借入金による弁済

負債の返済のために借り入れた資金で，予定どおり負債を返済した場合，偏頗行為否認が可能か，有害性があるのかが問題になります。最判平5・1・25民集47巻1号344頁（百選29事件）は，この点が問題になった事案です。

> A証券会社はY社に対し5億円の代金支払債務を負っていた。ところがその後A社は債務超過であることが判明したため，社団法人日本証券業協会Bと京都証券取引所Cは，善良な投資者を保護し証券業界の信用を維持すべく，A社の救済に乗り出し，A社の代金支払債務5億円の支払資金を融通することにした。融通した資金は代金支払債務の弁済に充てることを合意の上，A社，BCの代理人，Y社が一堂に会し，BCの代理人がA社に5億円を貸し渡し，その資金でA社は直ちにY社に対し代金を支払った。その後，A社は破産した。

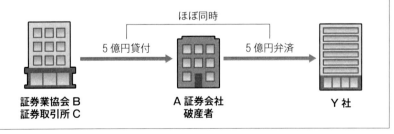

上記事案で，A証券会社の破産管財人がY社に対する弁済の否認を主張したのに対し，上記最判は，有害性がないとして，否認を認め

ませんでした。すなわち，BCからの借入金は，借入れ当時から特定の債務の弁済に充てることが確実に予定され，それ以外の使途に用いるのであれば借り入れることができなかったものであって，破産債権者の共同担保となるのであれば破産者に帰属し得なかったはずの財産だから，「破産者がこのような借入金により弁済の予定された特定の債務を弁済しても，破産債権者の共同担保を減損するものではなく，破産債権者を害するものではない」としたのです。

(3) 動産売買先取特権の目的物による代物弁済

　動産売買先取特権の目的物を，先取特権者の有する売買代金に対し，代物弁済に供した場合，偏頗行為否認が可能か，有害性があるのかが問題となります（動産売買先取特権については，第4章第3節第2の3参照）。

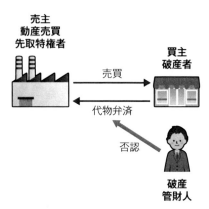

　最判昭41・4・14民集20巻4号611頁（百選31事件）は，動産売買の先取特権の目的物を，被担保債権額（売買代金額）と同額に評価して売主に代物弁済に供した行為は，破産債権者を害する行為に当たらず，否認できない旨判示しています。もともと動産売買の先取特権は別除権であり，その目的物は破産債権者の共同担保ではなかったと考えたものです[10]。

　それでは，動産の買主（破産者）が動産を転売済みであり，買主の危機時期に，売主，買主及び転売先で協議の上，買主・転売先間の売買を合意解除し，買主に戻った動産を売主に対する代物弁済に供した場

合はどうでしょうか。

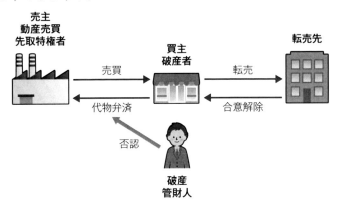

　このような事案について，最判平9・12・18民集51巻10号4210頁（百選32事件）は，破産管財人が代物弁済を偏頗行為として否認することを認めました。この最判は，破産者が転売契約を合意解除して本件物件を取り戻した行為は，売主に対する関係では，転売により法的に不可能であった動産売買先取特権の行使を可能にするという意味において，実質的には新たな担保権の設定と同視し得ると考えたのです。もっとも，たしかに転売により動産売買先取特権そのものの行使はできなくなったとしても，売主は転売代金債権につき先取特権に基づく物上代位権を取得していたので，やはり上記代物弁済は破産債権者を害していないという見方もあり得ます。この点について，上記最判は，「物上代位権の行使には法律上，事実上の制約[11]があり，先取特権者が常に他の債権者に優先して物上代位権を行使し得るものとはいえない上，本件代物弁済の時点では本件物件の売買代金債権の弁済期は到

10　動産売買の先取特権の実行方法である動産競売は，要件が厳しく（民執190条1項），容易に実施することはできない。また，動産売買先取特権は，目的物が第三者に引き渡されると失効する（民333条）。このような効力の弱い担保権を抵当権等の担保と同列に扱ってよいか，疑問を呈する見解もある。
11　動産売買先取特権に基づき転売代金債権に物上代位する手続は民事執行法193条による。これには，動産売買先取特権に基づく物上代位権の存在を証する文書（目的物を破産者に売却したこと，この代金が未払であること，目的物が転売先に売却されたこと等を証明する証拠）を執行裁判所に提出することが必要であり，容易ではない。

第4章 破産財団と関係者の権利義務関係

来しておらず，売主が現実に転売代金債権につき物上代位権を行使し
得る余地はなかった」として，有害性を肯定しています。

2 不当性

当該行為が，その動機や目的に照らして，破産債権者の利益より優
先する社会的利益が認められる場合は，不当性がないものとして，否
認できないと考えられています。不当性が欠ける行為としては，たと
えば，破産者の生活費や事業の運転資金を確保するために財産を売却
したり，担保を設定したりする行為があります。

3 破産者の行為の要否

⑴ 基本的事項

破産法160条～162条の文言上，否認対象の行為はいずれも破産者
の行為であるように見えます。しかし，否認の一般的要件として，破
産者の行為であることが必要なのかは議論されています。

破産者の詐害意思を要件とする否認類型においては，破産者の行為
であることが必要と考えざるを得ないと思われます。

しかし，それ以外の場合，①対象行為が破産者の行為であるか第三
者の行為であるかで，是正の必要性に差があるわけではありませんし，
②破産者の行為とはいえない執行行為についても否認を認めているこ
とからして（破165条 後出第6の2），破産法が否認対象行為を破産者の
行為に限ることを前提としているともいえないことから，破産者の行
為であることは必ずしも必要ではないと考えられています。裁判例に
おいても，事案ごとに当事者の公平等を勘案し，破産者以外の者の行
為であっても「破産者の行為と同視できる」として，否認対象と認め
ているものがあります。

(2) 破産者以外の者のした弁済の否認

ア 国の給与支払機関が国家公務員共済組合法に基づき共済組合にした弁済

破産者以外の者の行為の否認可能性が問題になった事案として，最判平2・7・19民集44巻5号853頁（百選28②事件）があります。

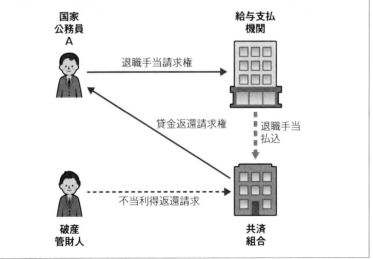

国家公務員であるAは，自己破産の申立てを行った後，退職した。Aは退職時に国家公務員共済組合に未返済の借入金510万円があった。そこで，国の給与支給機関は，国家公務員共済組合法101条2項[12]に基づきAの退職手当739万円のうち510万円を上記借入金の返済として共済組合に払い込んだ。Aはその後破産手続開始決定を受けた。破産管財人は，上記返済を偏頗行為として否認し，共済組合に対し，不当利得510万円の返還を求めた。

---

[12]「組合員（組合員であつた者を含む。……）の給与支給機関は，組合員が組合に対して支払うべき掛金等以外の金額……があるときは，報酬その他の給与（……退職手当……を含む。……）を支給する際，組合員の報酬その他の給与からこれらの金額に相当する金額を控除して，これを組合員に代わつて組合に払い込まなければならない」としている。

上記最判は，上記返済が否認対象となることを認めました。その理由は，上記国家公務員共済組合法の規定は，給与支給機関は「組合員に代わって」組合に払い込まなければならないと規定していて，その払込みは破産者である組合員自身の債務の弁済と同視できるというものです。また，上記国家公務員共済組合法の規定も含め，共済組合の債権が他の債権に対して優先する旨の規定がないことも理由とされています。

なお，上記最判は，退職手当が支払われたことにより退職手当請求債権は消滅し，すでに支払われた金員について，債権に対する差押禁止を規定する民事執行法152条2項の適用はないから，支払われた退職手当相当の金員は破産財団を構成するとして，払込みの全額が否認の対象となるとしています。

上記の考え方は地方公務員の場合も同様です[13]。

イ　債権差押えの第三債務者がした弁済

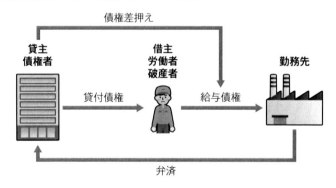

たとえば破産者の債権者が，破産者が支払不能となった後に，債務名義に基づき，破産者を債務者，勤務先を第三債務者として，給与債権を差し押さえ，勤務先が債権者に弁済をした場合です。破産法162条1項の「債務の消滅に関する行為」とは，破産者の意思に基づく行為のみならず，執行力のある債務名義に基づいてされた行為であって

13　最判平2・7・19民集44巻5号837頁（百選28①事件）

第9節　否認権

も，破産者の財産をもって債務を消滅させる効果を生ぜしめるもので
あれば，これに含まれますから（破165条）[14]，破産管財人は勤務先のし
た弁済を偏頗行為として否認することができます。

　それでは，上記の事案で，債権差押命令の送達を受けた勤務先（第
三債務者）が，誤って破産者（差押債務者）に対して弁済をし，これを差
押債権者に対して対抗することができないため（民481条1項参照）に差
押債権者に対してさらに弁済をした後，破産者（差押債務者）が破産と
なった場合はどうでしょうか。最判平29・12・19金判1534号14頁
は，この場合は，前者の弁済により給与債権（差押債権）はすでに消滅
しているから，後者の弁済は，破産者の財産をもって債務を消滅させ
る効果を生ぜしめるものとはいえず，破産法162条1項の「債務の消
滅に関する行為」に当たらず，否認権行使の対象とならないと判示し
ました。

第6　否認の要件に関するその他共通条項

1　支払停止を要件とする否認の制限

(1)　条文

　破産手続開始の申立ての日から1年以上前にした行為（無償行為を除
く）は，支払の停止があった後にされたものであること又は支払の停
止の事実を知っていたことを理由として否認することができないとさ
れています（破166条）。

(2)　趣旨

　破産手続開始申立てから1年以上前の「支払停止」を理由に否認が
認められると，受益者の地位が不安定であることから，否認を制限し
たものです。

14　最判平29・12・19金判1534号14頁

215

第4章　破産財団と関係者の権利義務関係

　ただし，無償行為否認（破160条3項）について，破産法166条の適用を認めると，支払停止前6か月間の行為まで否認の範囲を拡張した意義を没却することになるので，適用されません（破166条括弧書き）。

2　執行行為の否認

　破産法165条は，否認権の行使は，対象行為について執行力のある債務名義があるとき（破165条前段）や，対象行為が執行行為に基づくものであるとき（破165条後段）でも妨げられない旨を定めています（破165条）。当然のことを確認的に規定している条文と考えられています。

　たとえば，最判昭57・3・30判時1038号286頁（百選38事件）は，債権者が破産者の危機時期に，あらかじめ作成してあった公正証書を債務名義として破産者の有する工事代金に対し債権差押をした場合には，破産後，破産管財人がこれを偏頗行為として否認することを認めています。同最判では，否認の要件として破産者の加功が必要かも問題となりましたが，破産者の加功は必要ないと判示しています（第5の3参照）。前掲最判平29・12・19も同様です。

第7　否認権行使の効果

1　財産の物権的復帰

(1)　原則

　否認権が行使されると，否認の対象となった行為は，破産財団との関係では遡及的に無効となり，破産財団はその行為がなかった状態（原状）に当然に（物権的に）服します（破167条1項）。しかし，物権的な効果があるとしても，目的物を実際に管理・処分するためには，不動産であれば否認の登記（破260条1項），動産であれば引渡し，債権であれば確定日付のある通知・承諾を得ることが必要になります。

第9節　否認権

(2)　無償否認の場合

　無償行為の否認 (破160条3項) は，破産債権者を害すること，及び支払停止等について受益者が善意であるときにも成立します。しかし，善意の受益者にも完全な原状回復義務を負わせると酷な結果となるので，行為の当時，詐害の事実及び支払停止等について善意であった者は，現に受けている利益を償還すればよいことになっています (破167条2項)。

　「現に受けている利益」とは，無償行為によって取得した財産・利益又はその価値変形物 (果実・保険金請求権等) で，受益者が現在も保持しているものをいいます。たとえば，受益者が贈与を受けた金員を遊興費に費消してしまったような場合，「現に受けている利益」は存しないことになります。

(3)　否認の登記 (破260条)

ア　登記の原因である行為 (たとえば，所有権移転登記の原因である売買契約) が否認されたときは，破産管財人の申請により，当該登記の後に，否認の登記がなされます。当該登記 (たとえば所有権移転登記) が抹消されるわけではありません。

　（登記の文言）

　「○番所有権移転登記原因の破産法による否認」

　「○番所有権移転登記の破産法による否認」

　否認の登記は，破産法が抹消登記に代えて認めた特別の登記です (特殊登記説)。抹消登記ではなく，あえて否認の登記とするのは，後に否認の効力が消滅する場合 (後記ウ) があり得るからです[15]。

　たとえば破産者から受益者に売買に基づく所有権移転登記がなされた後，売買が否認され，否認の登記がなされると，受益者が第三者に所有権移転登記をすることはできなくなります[16]。

15　最判昭49・6・27民集28巻5号641頁
16　大阪高判昭53・5・30判タ372号92頁 (百選40事件)

第4章　破産財団と関係者の権利義務関係

イ　登記官は，たとえば破産管財人による任意売却の結果，所有権移
　　転登記など，否認の登記に係る権利に関する登記をするときは，職
　　権で，次に掲げる登記を抹消しなければならないこととされていま
　　す（破260条2項）。その結果，登記面上は否認にまつわる事項が消え
　　ることとなります。
　　①　当該否認の登記
　　②　否認された行為を登記原因とする登記又は否認された登記
　　③　前号の登記に後れる登記があるときは，当該登記

ウ　否認の登記がされた後，目的物件が処分されないまま，破産手続
　　開始の決定の取消し，破産手続廃止，破産手続終結の決定があると，
　　否認の登記は抹消されることとなっています（破260条4項）。

2　否認の効果の発生時期

　否認権が裁判上行使された場合には，行使の時から否認の効果が生
じます。その効果は，否認の対象となった行為が行われたときに遡及
するのが原則です（例外は破169条）。

3　相対的効果

　否認権行使の効果は，①当該破産手続との関係でのみ，かつ，②否
認権行使の相手方との関係でのみ生じるという意味で相対的であると
解されています。
　受益者に対する否認権行使の効果は転得者には及びません。転得者
にその効果を主張するには，転得者否認の要件を満たすことが必要で
す。

218

第 9 節　否認権

4　価額償還請求権

　否認により破産財団に復帰すべき目的物が滅失や第三者への譲渡により返還不可能な場合，破産管財人は，目的物の返還に代えて，その価額の償還を受益者に対して請求することができると解されています。

　この場合，償還の対象となる価額算定の基準時が問題となります。否認の効果は否認権行使時に発生することから，価額算定の基準時も否認権行使時とするのが妥当と考えます[17]。

5　相手方の地位

(1)　破産者の受けた反対給付に関する相手方の権利等 （破 168 条 1 項）

　詐害行為否認 （破 160 条 1 項・3 項，161 条 1 項） がなされた場合，相手方は次の権利を行使することができます。

　　① 　破産者の受けた反対給付が破産財団中に現存する場合
　　　　当該反対給付の返還を請求する権利
　　② 　破産者の受けた反対給付が破産財団中に現存しない場合
　　　　財団債権者として反対給付の価額の償還を請求する権利

　破産者の受けた反対給付が破産財団中に現存しない場合，旧法では他の破産債権者との平等を重視し，相手方の価額償還請求権を破産債権としていましたが，現行法では，相手方との公平を重視し，相手方の価額償還請求権を財団債権としています （第 1 の 4 記載の具体例参照）。

(2)　隠匿等の処分の場合 （破 168 条 2 項）

　行為の当時，破産者が対価として取得した財産について隠匿等の処分をする意思を有し，かつ，相手方が破産者がその意思を有していた

17　最判昭 61・4・3 判時 1198 号 110 頁 （百選 42 事件） 同旨。ただし，否認権をいつ行使するかによって価額が変わることには，とりわけ相手方の利益の観点から批判がある。学説上は，否認訴訟の口頭弁論終結時説，否認の対象行為時説，倒産手続開始時説，受益者の処分時説，基準時任意選択説などがある。

219

第4章　破産財団と関係者の権利義務関係

ことを知っていたときは，相手方は，それぞれ次の権利を行使することができます。すなわち，この場合，相手方を保護する必要性は低いので，利益が破産財団中に現存しない部分についての相手方の価額償還請求権は，破産債権とされています。

① 破産者の受けた反対給付によって生じた利益の全部が破産財団中に現存する場合

　　財団債権者としてその現存利益の返還を請求する権利

② 破産者の受けた反対給付によって生じた利益が破産財団中に現存しない場合

　　破産債権者として反対給付の価額の償還を請求する権利

③ 破産者の受けた反対給付によって生じた利益の一部が破産財団中に現存する場合

　　財団債権者としてその現存利益の返還を請求する権利及び破産債権者として反対給付と現存利益との差額の償還を請求する権利

(3) 　内部者の場合の推定規定 （破168条3項）

(2) の規定の適用については，当該行為の相手方が内部者 （破161条2項各号に掲げる者のいずれか） であるときは，その相手方は，当該行為の当時，破産者が隠匿等の処分をする意思を有していたことを知っていたものと推定します。

(4) 　差額償還請求権 （破168条4項）

破産管財人は，破産法160条1項，3項，161条1項に規定する行為を否認しようとするときは，破産財団に復すべき財産の返還に代えて，相手方に対し，当該財産の価額から破産法168条1項～3項の規定により財団債権となる額 （反対給付が破産財団中に現存する場合，破産者の受けた反対給付の価額） を控除した額の償還を請求することができます。

現物返還に代わる価額償還請求権と相手方との財団債権との相殺的処理を認めることにより，破産管財事務の円滑化を図ったものです。

220

(5) 相手方の債権の回復（破169条）

　偏頗行為否認の場合には，相手方がその受けた給付を返還し，又はその価額を償還したときは，相手方の債権が復活します（破169条）。

　相手方の債権について第三者が連帯保証をしていた場合，いったん消滅した連帯保証債務もまた当然復活します[18]。保証は債権者の債権の満足を確保するという担保目的を有し，主たる債務者の破産等の場合にこそその機能を発揮すべきものですから，否認により主たる債務が復活するのであれば，保証も復活させなければ，保証の意味がありません。

第8　転得者に対する否認（破170条）

1　基本的事項

　否認対象行為の相手方（受益者）に対する否認権行使の効果は，受益者との関係でのみ生じます。目的物について転得者[19]がいる場合に，転得者に対して否認権行使の効果を主張することはできません。しかし，それでは否認権行使の実効性がないこともあります。そこで，転得者にも否認の効力を及ぼすべく，転得者に対する否認の規定が設けられています。

---

[18] 最判昭48・11・22民集27巻10号1435頁（百選41事件）
[19] 否認の対象となる行為の受益者から，返還の目的物である財産権を何らかの形で承継的に取得した者（たとえば，所有権の譲渡，用益権・担保権の設定を受けた者），又は受益者との関係で当該財産権上に何らかの権利を取得した者（たとえば，差押債権者）のことをいう。

第4章　破産財団と関係者の権利義務関係

2　否認権を転得者に対しても行使できる場合

　否認権を転得者に対しても行使できるのは，①転得者が悪意の場合，②転得者が破産者の内部者等（破161条2項各号に掲げる者のいずれか）である場合，③転得が無償行為による場合です（破170条1項）。いずれも取引の安全に対する配慮の必要性が低い場合です。なお，受益者と転得者の間に中間転得者がいる場合には，中間転得者についても否認の原因があることが必要です。

　現行法の文言では，上記①の場合，「それぞれその前者に対する否認の原因のあること」について転得者が悪意であることが要件とされています。否認類型のほとんどの場合，「破産債権者を害する事実」，支払不能，破産手続開始の申立て等の事実について受益者が悪意であることが要件になっていますから，現行法の文言だと，受益者の悪意について転得者が悪意であること（二重の悪意）が転得者否認の要件であり，破産管財人がこれについて立証責任を負うように読めます。そうだとすると，破産管財人の立証の負担が重すぎ，公平に反します。また，転得者に対する詐害行為取消権の適用（現民424条1項ただし書，改民424条の5）に関しては二重の悪意は要件となっていないのと比較して，アンバランスです。そこで，民法改正に伴い，①の文言は「転得者が転得の当時，破産者がした行為が破産債権者を害することを知っていたとき」と改正され，破産管財人が二重の悪意についてまでも立証責任を負わないことが明確となりました。

3　転得者否認の効果

　転得者に対し否認権が行使されると，破産者と受益者との間の行為が，転得者との関係でも効力を失い，目的物が破産財団に復帰します（破167条1項）。ただし，転得が無償行為による場合，転得者が転得の時点で支払停止等があったこと及び破産債権者を害する事実を知らなかったときは，現存利益を償還すれば足ります（破170条2項）。

第9節　否認権

　転得者に対する否認権が行使された場合に，破産者の受けていた反
対給付に関し，転得者がどのような権利を有するのかについて，現行
法には明文の規定はありません。民法改正に伴う改正により，転得者
が破産財団に対し受益者と同様の請求権を有することが明文化されま
した（破170条の2）。ただし，その場合の転得者の権利行使は，転得者
がその前者から財産を取得するためにした反対給付又はその前者から
財産を取得することによって消滅した債権の価額を限度とします。

　また，転得者に対する否認権が行使された場合において，転得者が
その受けた給付を返還し，又はその価額を償還したときは，転得者は，
否認対象行為によって消滅した相手方（受益者）の債権を，復活したも
のとして行使できることも明文化されました。ただし，この場合も，
転得者の権利行使は，転得者がその前者から財産を取得するためにし
た反対給付又はその前者から財産を取得することによって消滅した債
権の価額を限度とします（破170条の3）。

　転得者に対する否認権行使の効果は，転得者との関係でのみ生じま
すが，転得者が受益者に対して担保責任（民560条以下）を追及するこ
とは認められます[20]。

第9　否認権の行使方法

1　総説

　否認権は，破産管財人が，訴え，否認の請求，又は抗弁によって行
使します（破173条1項）。

2　否認の訴え

　否認訴訟の性質については，下記3説があります。

20　伊藤615頁

第4章　破産財団と関係者の権利義務関係

① 行為の否認を宣言する形成訴訟と見る説
② 否認の宣言は不要であり，給付又は確認訴訟と見る説（通説）
③ 形成訴訟によることも給付・確認訴訟によることもできるとする折衷説（選択説）

　詐害行為・偏頗行為によって逸出した財産を破産財団に取り戻して財団を復元するには，それらの行為の否認を宣言するだけでは不十分ですし，否認権は抗弁によっても行使でき，その場合には，判決理由中で判断されるにとどまるので，この点との統一的な扱いとするのが妥当であることから，実務は②説で運用されています。

　②説によると，否認訴訟の訴訟物は，否認権行使の結果生じる権利関係自体であり，否認権の主張は，訴訟物を基礎づける攻撃防御方法として，判決理由中で判断される事項ということになります。すなわち，破産管財人が，破産者が譲渡した財産の返還を請求し，それが不能の場合にはこれに代わる価額の償還を請求する，あるいは特定の財産が破産財団に帰属すること又は相手方が権利を有しないことの確認を求めることになります。

3　否認の請求（破174条）

　否認権の迅速な行使を可能にするために，否認権者の申立てにより，決定手続で，否認原因事実の疎明に基づいて裁判する制度です（破174条1項）。

　否認の請求を棄却する決定に対しては，不服申立ての方法は定められていませんが，既判力は生じず，訴訟手続における否認権の行使は妨げられません。

4　裁判手続外での否認権行使の可否

　否認権の裁判手続外での行使が認められるか論じられています。否認対象行為があっても，現実的には，多くが裁判手続外で解決されて

第9節　否認権

います。これをどう説明するかという問題です。

　通説・判例は，上記のような現実を，和解契約の効果として，事実上，否認権が行使されたのと同様の効力を認めるものと説明しています。すなわち，破産法173条の文言や否認要件の存在が裁判によって確定されていないことなどを理由に，その結果は，裁判外の否認権行使の効果として生じるものではないと解しています。

5　否認権の行使期間

　否認権は，破産手続開始の日から2年を経過したとき，又は，対象行為の日から20年（民法改正に伴い，10年に変更された）を経過したときは，行使できません（破176条）。

6　否認権のための保全処分（破171条，172条）

　否認の対象となる行為の相手方が，さらに目的物を他の者に転々と譲渡してしまうような場合に備えて，否認権行使の実効性を確保するために，否認権のための保全処分が設けられています。

　裁判所は，破産手続開始申立てがあったときから当該申立てについて決定があるまでの間に，否認権を保全するために必要があると認めるときは，利害関係人の申立てにより又は職権で，仮差押え，仮処分その他必要な保全処分を命ずることができます（破171条1項）。

　もっとも，保全管理人が選任されている場合には，否認権のための保全処分の申立権も保全管理人に専属します（同項括弧書き）。

第5章

破産手続の進行

第 5 章　破産手続の進行

第 1 節

破産債権の
届出・調査・確定

　破産債権の調査方法には，書面による調査（破117条以下）と期日における調査（破121条以下）の2種類があります（後記第2の1）。実務では，全ての裁判所が期日における調査を原則としています[1]。そこで，本書では，原則として，期日における調査が採用されているものとして説明をします。

第1　破産債権の届出

1　破産手続に参加する方法

　破産手続に参加しようとする破産債権者は，債権届出期間内[2]に，①破産債権の額及び原因，②執行力ある債務名義又は終局判決のある破産債権であるときは，その旨[3]，③破産債権に関し訴訟が係属するときは，その訴訟に関する事項[4]など[5]を裁判所[6]に届け出なければ

1　注釈（上）758頁
2　債権届出期間は，破産手続開始決定時に同時処分として定められる（破31条1項1号）。届出期間は，原則として破産手続開始決定の日から2週間以上4か月以下（破規20条1項1号）。
3　執行力ある債務名義又は終局判決のある破産債権であるときは，破産管財人ができる手続が限定されるため（破129条），届け出させるものである。
4　破産債権者が確定を求める場合，受継の問題が生じるので（破127条），届け出させるものである。
5　現行法では，費用や事務負担を考慮し，少額の配当金は原則として配当しないこととし（破201条5項ほか），届出債権者が1000円（破規32条1項）未満の配当金を受領する意思があるときは，その旨を債権届出に記載させることとした（破111条1項4号）。ところが，この原則に従うと配当事務がかえって煩雑になる面があり，実務では少額の配当金も配当対象にする運用が一般的である。そのため，実務で使用している債権届出用紙には，1000円未満の配当金を受領する意思がある旨不動文字で記載されていることが多い。

第1節 破産債権の届出・調査・確定

なりません（届出事項の詳細は，破111条1項，破規32条2項）。

破産債権者が別除権者，準別除権者の場合には，さらに，別除権の目的である財産，予定不足額（別除権の行使によって弁済を受けることができないと見込まれる債権の額）[7]を届け出ることになっています（破111条2項・3項）。

破産債権届出書書式例（裁判所ウェブサイトより名古屋地裁の書式）

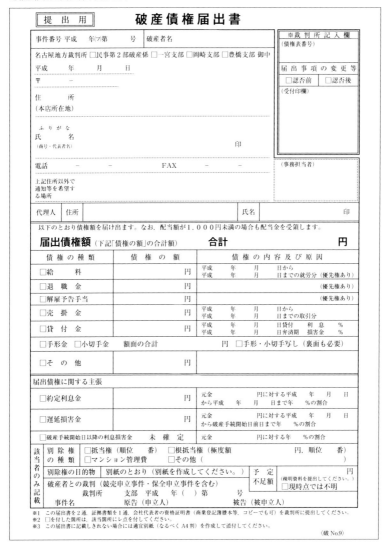

229

第5章　破産手続の進行

2　破産手続参加が消滅時効に与える効力

　現行民法下では，破産手続参加（破産債権の届出）は，「請求」に当たるものとして，時効中断効があります[8]（現民 147 条 1 号），債権者がその届出を取り下げ，又はその届出が却下されたときは，時効の中断の効力を生じないとされています[9]（現民 152 条）。

　改正民法では，破産手続参加は，時効の完成猶予事由です。すなわち，破産債権者が破産手続へ参加した場合（破産債権の届出をした場合），債権取下げや破産手続の終了により破産手続への参加が終了するまでの間は，時効は完成しないものとされています。確定判決等[10]によって権利が確定することなく破産手続の参加が終了した場合にあっては，その終了の時から 6 か月を経過するまでの間は，時効は完成しません（改民 147 条 1 項 4 号）。

　債権者が破産手続に参加した場合において，確定判決等によって権利が確定したときは，更新事由です。その場合，時効は，破産手続参加が終了したときから新たにその進行を始めます（改民 147 条 2 項）。

6　破産管財人に直送させる運用もある（たとえば，東京地裁。注釈（上）728 頁）。

7　別除権付債権については，別除権の行使によって弁済を受けることができない債権額についてのみ破産債権者として権利行使できるので（破 108 条），届け出させるものである。

8　最判平 7・3・23 民集 49 巻 3 号 984 頁は，債権者が主たる債務者の破産手続において債権全額の届出をし，保証人が債権全額を弁済した上，届出名義の変更の申出をしたときは，保証人が取得した求償権の消滅時効は，届出名義の変更の時から破産手続の終了に至るまで中断する旨判示している。改正民法下では，同様の事案の場合，届出名義の変更の申出が「破産手続参加」となり，時効の完成猶予事由となると考えられる。

9　届出債権が認められず，又は異議が述べられた場合，時効中断効は生じるか問題となったことがあるが，最判昭 57・1・29 民集 36 巻 1 号 105 頁（百選 70 事件）は，この場合でも「その届出が却下されたとき」には該当せず，時効中断の効力は認められると判示した。改正民法下でも，同様の場合，「破産手続参加」が継続しているのかが問題となり得る。

10　確定判決又は確定判決と同一の効力を有するもの。たとえば，破産債権の調査において破産債権が確定した場合における破産債権者表の記載（破 124 条 3 項）。

第1節　破産債権の届出・調査・確定

3　一般調査期日終了後の届出

　破産債権者がその責めに帰することができない事由によって一般調査期日の終了までに破産債権の届出をすることができなかった場合には，その事由が消滅した後1か月以内に限り，その届出をすることができます（破112条1項）[11]。

　「その責めに帰することができない事由」とは，破産債権の届出をするに当たって通常用いられると期待されている注意を尽くしても避けられないと認められる事由，すなわち，過失がなかったことを意味すると解されています。この要件の解釈の方針については，次の考え方があります。

① 　破産債権者にとって破産は最後のよりどころとなる究極の清算手続であり，債権の届出ができなくても，免責の効果が及ぶことから，破産債権者の権利の保護を重視し，破産事件の進行に時間的にも費用的にも影響を与えない場合には，緩やかに解してよいとする見解

② 　個別判断が多くなると法的安定性を欠き，債権者間の公平を害することにもなりかねない危険があるとして，厳格に解すべきとする見解

4　一般調査期日の終了後に生じた破産債権の扱い

　たとえば，破産管財人が双方未履行双務契約を解除したことにより生じる相手方の損害賠償請求権（破54条1項）です。このような債権が一般調査期日の終了後に生じた場合，その権利の発生した後1か月の不変期間内に，その届出をする必要があります（破112条3項）。

11　破産債権者が，その責めに帰することができない事由によって，一般調査期日の終了後に，届け出た事項について他の破産債権者の利益を害すべき変更を加える場合も同様。

231

第5章　破産手続の進行

5　届出名義の変更

　届出をした破産債権を取得した者は，一般調査期日の終了後でも，届出名義の変更を受けることができます（破113条1項）。

　たとえば，破産者の保証人が被保証債務全額を弁済し，破産債権者から債権を取得した場合です。

6　破産債権者表の作成

　裁判所書記官は，届出があった破産債権について，破産債権者表を作成することになっています（破115条）。

第2　破産債権の調査

1　破産債権の調査の方法

　届け出られた破産債権について，破産管財人が認めるかどうか，他の届出債権者及び破産者が異議があるかどうかを表明することにより行います。

　次の2種類の方法がありますが，実務上は（2）期日における調査を原則としています。

(1)　書面による調査（書面方式）

　調査期間を定め，破産管財人が作成した認否書並びに破産債権者及び破産者の書面による異議を提出することにより行います（破116条1項，117条1項・3項，118条1項）。

(2)　期日における調査（期日方式）

　調査期日を開き，期日における破産管財人の認否[12]並びに破産債権者及び破産者の異議に基づいて行います[13]（破116条2項，121条1項，121条2項）。

232

第1節　破産債権の届出・調査・確定

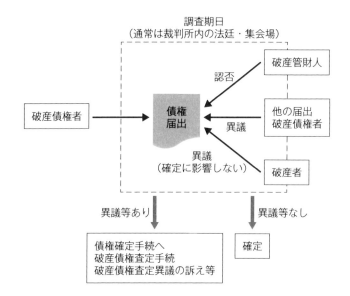

　債権届出期間内に届け出られた破産債権を調査の対象とする一般調査と債権届出期間内に届け出られず、かつ一般調査の対象とされなかった破産債権を対象とする特別調査があります。

　裁判所は，書面による調査を採用する場合は，一般調査期間・特別調査期間を定め，期日による調査を採用する場合は，一般調査期日・特別調査期日を定めます。一般調査期日を定めて期日における調査を行った後，特別調査については書面による調査を採用し特別調査期間を定めることも，逆に一般調査期間を定めて書面による調査を行った後，特別調査については期日による調査を採用し特別調査期日を定めることもできます（破116条3項）。

　以下の記載は，一般調査，特別調査において期日方式が採用されるものとして，一般調査期間・特別調査期間については言及しないもの

12　認否とは，届け出られた事項を認めるか，認めないか表明をすること。期日方式による認否は口頭で述べればよいはずだが，実務では，認否予定書（破規42条）を提出する運用や，認否を記載した書面を提出する運用が多い。
13　配当がなく異時廃止となる事案では，債権認否を留保したまま手続を終了する運用が広く行われている（200問262頁）。

第5章　破産手続の進行

とします。

2　調査の対象事項

　調査の対象事項，すなわち破産管財人が認否し[14]，又は他の破産債権者が異議を述べる対象事項は以下のとおりです（破121条1項・2項，117条1項）。

　① 　破産債権の額
　② 　優先的破産債権であること。
　③ 　劣後的破産債権又は約定劣後破産債権であること。
　④ 　予定不足額（別除権の行使によって弁済を受けることができないと見込まれる債権の額）

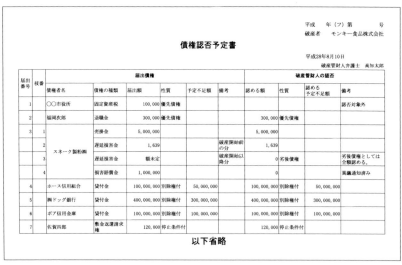

破産管財人の債権認否の例

14　破産管財人は，破産債権の存在に疑いを持つ場合だけではなく，たとえば届出破産債権者が十分な資料を提出しないなど調査に非協力的な場合，届出債権者が破産財団に義務を負っているにもかかわらずこれを履行しない場合，否認権行使により届出債権者に返還請求等ができる場合などに，届出債権者の協力を促し，交渉の契機とし，あるいは実質的公平を図る手段として，届出破産債権を「認めない」とすることがある。これは，「戦略的異議」と呼ばれており，その当否については議論がある。

第1節　破産債権の届出・調査・確定

3　債権届出期間の経過後に届出・届出事項の変更があった破産債権の扱い

　一般調査期日において調査をすることにつき破産管財人及び破産債権者の異議がない場合，調査の対象とされます（破121条7項）。

4　特別調査

⑴　債権届出期間の経過後，一般調査期日の終了前の届出等がある場合

　裁判所は，必要があると認めるときは，特別調査期日を定めます（破122条1項）。ただし，一般調査期日において調査をすることについて破産管財人及び破産債権者の異議がない場合は，一般調査期日で調査します[15]（破119条1項ただし書，122条1項ただし書）。

⑵　一般調査期日の終了後の届出等がある場合

　裁判所は，以下の場合，必要があると認めるときは，特別調査期日を定めます（破122条2項，119条2項）。

　①　破産債権者がその責めに帰することができない事由によって届出をすることができなかった場合において，その事由が消滅した後1か月以内に，届出をしたとき（破112条1項）

　②　一般調査期日の終了後に生じた破産債権について，その権利の発生した後1か月の不変期間内に，破産債権者がその届出をしたとき（破112条3項）

⑶　費用負担

　特別調査期日に関する費用は，当該破産債権を有する者の負担であ

15　債権届出期間経過後，一般調査期日の終了前に届出があった場合，一般調査期日に調査をしなければ，特別調査期日を定めることが必要となる可能性がある（破122条1項，119条1項）。そのため，多くの場合，破産管財人は一般調査期日で認否をする。

235

り，費用の予納が必要です（破119条3項，120条，122条2項）。

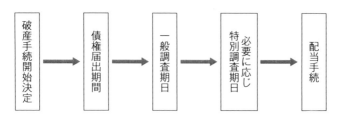

債権調査の一般的な流れ

5　破産者の異議

　破産者も破産債権の額について異議を述べることができます（破121条4項，122条2項，123条1項）。ただし，破産者だけが異議を述べても，確定します（破124条1項）。

　破産手続が終了した場合，破産債権者は，破産者に対し，破産債権者表の記載により強制執行をすることができますが（破221条1項），破産者が異議を述べていた場合には，できません（破221条2項）。もっとも，破産者が免責申立てをしている場合には，その結論が出るまで強制執行は許されませんし（破249条1項），免責決定が確定すればやはり強制執行は許されませんから，破産者の異議が効果を発揮する場面は限定的です。実務では，破産者が異議を述べることはまれです。

第3　破産債権の確定

1　破産債権の調査で異議等がなかった場合

　破産債権は，調査において，破産管財人が認め，かつ，届出をした破産債権者が異議を述べなかったときは，確定します（破124条1項）。
　裁判所書記官は，破産債権の調査の結果を破産債権者表に記載します（破124条2項）。

第1節　破産債権の届出・調査・確定

　確定した事項についての破産債権者表の記載は，破産債権者の全員に対して確定判決と同一の効力を有します（破124条3項）。同項の記載は，「届出をした破産債権者」ではなく「破産債権者の全員」を対象としていますから，届出破産債権者だけではなく，届出をしていない者を含む破産債権者の全員に対して効力が及びます。条文上破産管財人に対する効力は記載されていませんが，破産管財人は認めている場合ですから，破産管財人にも効力が及びます。

　「確定判決と同一の効力」（破124条3項）の意味については，争いがあります。

　まず，債権の帰属についても争えなくなるか，たとえば，真の権利者が債務者の破産手続開始を知らない間に，別の者が同一の債権について債権届出をして，これが確定したような場合に，真の権利者がもはや当該債権が別の者に帰属していることを争えなくなるか，問題となります。簡便な手続により真の権利者の権利が奪われることは適切ではないとして，確定の対象に権利の帰属は含まれないという見解もありますが，真の権利者も「破産債権者の全員」に含まれていますから，債権の帰属についてのみ確定の対象から除外する理由はないように思われます。

　次に，破産手続内では争えないというだけか，破産手続外でも争えないという既判力がある（既判力説）ということかが問題となります。たとえば，破産手続終了後，免責不許可となった破産者の財産に対し2人の債権者による強制執行が競合した場合に，一方の債権者が，破産手続で確定している他の債権者の破産債権の存在を争うことができるかという問題です。既判力説が通説であり，「確定判決と同一の効力」という語からは素直な解釈ですが，債権調査には誤りが伴いやすいこと，破産手続外でも既判力が生じるとすると慎重な調査が必要となり，不必要な異議等を誘発しやすいことを考慮すると，破産手続外で既判力を認めるのは適切ではないと考えます。この規定は当該破産手続が安定的・合理的に遂行されることを目的としているものと考えられ，当該破産手続ないしこれと密接に関係する手続の範囲内でのみ

237

第5章　破産手続の進行

効力が及ぶものと考えます。

2　破産債権の調査で異議等があった場合

　破産債権の調査において破産管財人が認めないか，他の届出債権者が異議を述べたことにより破産債権が確定しなかった場合，当事者はさらに債権確定のための手続に進むかを選択します。当該債権が有名義債権[16]か無名義債権か，破産手続開始時において訴訟が係属しているか否かによって，誰がどのような手続を取るべきかや，所定の債権確定手続が取られない場合の効果が違ってきます。

　これを整理すると，下表のとおりとなります。

	取るべき債権確定手続及び当該手続を取るべき当事者	所定の債権確定手続が取られない場合の効果
無名義債権の場合	破産債権者から債権確定手続を取る。 通常の場合 ①　破産債権査定手続（破 125 条） ②　破産債権査定異議の訴え（破 126 条） 訴訟係属中の場合 受継（破 127 条）	除斥（破 198 条 1 項）。つまり配当対象とならない。
有名義債権の場合	異議者等から破産債権者への訴訟手続（破産者がすることができるもの）を取る（破 129 条 1 項・2 項）。	異議等がなかったものとみなされ，確定（破 129 条 4 項，124 条 1 項）

(1)　無名義債権の場合の確定手続

ア　当該破産債権について訴訟が係属していない場合

　(ア)　破産債権査定手続

　破産債権者は，その額等の確定のために，その額等を認めなかった破産管財人及び異議を述べた届出破産債権者（異議者等）の全員を相手

16　有名義債権とは，執行力ある債務名義（民執 22 条）又は終局判決（民訴 243 条 1 項）のある破産債権をいう（破 129 条 1 項）。また，債務名義とは，強制執行ができる根拠となる民事執行法 22 条に定める文書をいう。

238

第 1 節　破産債権の届出・調査・確定

方として，裁判所[17]に，破産債権査定申立てをすることができます
（破 125 条 1 項本文）。この申立ては，調査期日から 1 か月の不変期間内
にする必要があります（破 125 条 2 項）。

　裁判所は，異議者等を審尋の上，決定で，異議等のある破産債権の
存否及び額等を査定する裁判（破産債権査定決定）をします（破 125 条 3 項，
4 項）。

　(イ)　破産債権査定異議の訴え

　破産債権査定申立てについての決定に不服がある者は，その送達を
受けた日から 1 か月の不変期間内に，その決定に対する異議の訴え
（破産債権査定異議の訴え）を提起することができます（破 126 条 1 項）。この
訴えは，破産裁判所（破 2 条 3 項）が管轄します（破 126 条 2 項）。

　破産債権査定異議の訴えについての判決においては，訴えを不適法
として却下する場合を除き，破産債権査定申立てについての決定を認
可し，又は変更します（破 126 条 7 項）。

イ　当該破産債権について訴訟が係属している場合

　破産債権者がその額等の確定を求めようとするときは，異議者等の
全員を当該訴訟の相手方として，訴訟手続の受継の申立てをする必要
があります（破 127 条 1 項）。この受継の申立ては，調査期日から 1 か月
の不変期間内にしなければなりません（破 127 条 2 項，125 条 2 項）。

　この受継の申立てができるのは，当該破産債権の届出及び債権調査
がなされ，破産管財人が認めないか，他の届出債権者からの異議が出
た場合に限られます[18]。破産法は，破産管財人と破産債権者が参加し，
画一的に破産債権を調査する債権調査の制度を設けているため，まず
は債権調査手続を経るべきだからです。

　債務者に対する金銭債権に基づく給付訴訟が上告審に係属中に，債
務者が破産し，破産管財人が訴訟手続の受継をした事案があります

17　担当するのは，破産事件を担当する裁判体（モデルストーリーの三重判事）。
18　最判昭 59・5・17 判時 1119 号 72 頁（百選 81 事件）

第5章　破産手続の進行

（最判昭61・4・11民集40巻3号558頁（百選71事件））。もともとの訴訟は給付の訴えでしたが，受継された場合には，「○○円の破産債権を有することを確認する」というような確認の訴えに変更する必要があります。ところが，民事訴訟法143条1項によれば，訴えの変更が認められるのは，口頭弁論終結の時までとされています。そこで，受継後の上告審で訴えの変更ができるか問題となりました。上記最判は上告審での訴えの変更を認めました。訴えの変更を認めないと，原判決を破棄して事件を事実審に差し戻すことになりますが，それでははなはだ訴訟経済に反することになるし，破産手続開始決定時に係属していた訴訟を利用して公平かつ効率的に破産債権を確定する手続を規定する法の趣旨にも反しますから，上告審における訴えの変更を認めたものと考えられます。

ウ　主張の制限

　上記アイの各手続においては，破産債権者は，異議等のある破産債権についての破産債権届出で届け出た事項のみを主張することができます（破128条）。

(2)　**有名義債権の場合**

　異議者等は，破産者がすることのできる訴訟手続によってのみ，異議を主張することができます（破129条1項）。破産者がすることのできる訴訟手続とは，たとえば，届出債権者が確定判決を有している場合は，判決の更正申立て（民訴257条），再審の訴え（民訴338条），判決後の事由を理由とする債務不存在確認訴訟等です。届出債権者が未確定の終局判決を有する場合は，受継（破129条2項）して上訴することが考えられます。

　異議の主張をするにつき1か月の期間制限があります（破129条3項）。

第 1 節　破産債権の届出・調査・確定

(3)　破産債権の確定に関する訴訟の結果の扱い

ア　破産債権者表への記載

　裁判所書記官は，破産管財人又は破産債権者の申立てにより，破産債権の確定に関する訴訟の結果（破産債権査定異議の訴えが所定期間内に提起されなかったとき，又は却下されたときは，当該決定の内容）を破産債権者表に記載することになっています（破130条）。

イ　破産債権の確定に関する訴訟の判決等の効力

　破産債権の確定に関する訴訟についてした判決は，破産債権者の全員に対して，その効力を有します（破131条1項）。

　破産債権査定異議の訴えが，所定期間内に提起されなかったとき，又は却下されたときは，当該破産債権査定決定は，破産債権者の全員に対して，確定判決と同一の効力を有します（破131条2項）。

(4)　破産手続終了の場合における破産債権の確定手続の取扱い
（破133条）

ア　破産手続開始決定の取消し又は異時廃止により終了したとき

　配当がないため，手続上の債権確定の必要がなくなるので，査定手続や破産管財人以外の者が当事者となっている異議訴訟は原則として終了します（破133条1項，4項）。破産管財人が当事者となっている異議訴訟は，債権の存否確認訴訟となって破産者に受継されます（破133条3項）。

イ　破産手続終結決定により終了した場合

　配当の関係で破産債権を確定する必要が残るので（破202条1号等），査定手続や異議訴訟等は引き続き係属します（破133条1項，3項，4項）。

第4　租税等の請求権等に関する特例

1　租税等の請求権等の届出

　財団債権ではない租税等・罰金等の債権についても，他の破産債権

第5章　破産手続の進行

同様に届出が必要です。ただし，債権届出期間の制約は受けず，遅滞なく届出すれば足ります。(破114条)

2　租税等の請求権等に対する異議の主張

　租税等の請求権及び罰金等の請求権については，他の破産債権の調査・確定に関する規定は，適用されません (破134条1項)。異議を主張できる場合や方法は限定されており，1の届出があった請求権 (罰金，科料及び刑事訴訟費用の請求権を除く) の原因が審査請求，訴訟 (刑事訴訟を除く) その他の不服の申立てをすることができる処分である場合に限り，破産管財人のみが，当該届出があった請求権について，当該不服の申立てをする方法で，異議を主張することができます (破134条2項)。

第2節 破産財団の管理・換価

第1 破産財団の管理

1 破産財団帰属財産の確保の方法

(1) 管理の原則

破産財団に属する財産の管理及び処分をする権利は，破産管財人に専属します（破78条1項）。破産管財人は，破産管財人に就職した後，直ちに破産財団に属する財産の管理に着手する必要があります（破79条）。

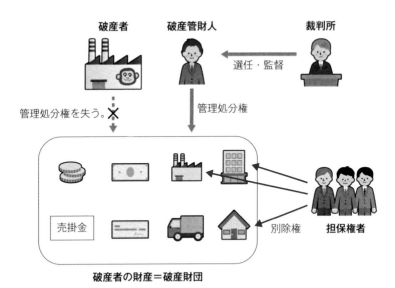

(2) 引渡命令

破産者やその使用人等が破産財団に属する財産の引渡しに応じないときは，破産管財人は，裁判所に対して，財産の引渡命令の発令を求

第5章　破産手続の進行

めることができます（破156条）。

⑶　封印及び帳簿の閉鎖

　破産管財人の財産管理を確実にするため，破産管財人は，裁判所書記官等に対し，財団に帰属する財産について封印[1]をさせ，破産者の会計の現状を固定するため，帳簿を閉鎖[2]する措置をとることができます（破155条1項，破規53条4項・5項）。封印を破棄した場合（刑96条），また，閉鎖した帳簿を隠滅・偽造・変造した場合（破270条），処罰されます。ただし，実務では，破産管財人が封印や帳簿の閉鎖の措置を求めることはまれで，代わりに，建物等に破産管財人が財産を占有している旨の貼紙をしたり，帳簿を自ら保管したりしています（第1章4参照）。

⑷　警察への援助要請

　破産管財人が，その職務執行に際して抵抗を受けるときは，裁判所の許可を得て，警察の援助を求めることができます（破84条）。

2　情報の収集・確保のための制度

⑴　破産者の重要財産開示義務

　破産者は，破産手続開始決定後，遅滞なく，その所有する不動産，現金，有価証券，預貯金等の重要な財産を記載した書面を裁判所に提出しなければなりません（破41条）。自己破産申立ての場合，通常は，

1　財産につき，その開披，使用，その他現状の変更を禁止する処分として，権限ある公務員により（破産手続の場合，裁判所書記官，執行官，公証人），その財産の外部に施された封緘等をいう。封印執行は，権限ある公務員が，対象となる物件に封印票（この封印を破棄または無効にした者は，刑罰に処せられる旨明記されている）を貼付して，当該物件の占有が「破産者から破産管財人に移転したこと」を公示して行う。
2　破産管財人が帳簿の占有を取得し，それを裁判所書記官に提出することにより行う。閉鎖の対象となるのは，金銭出納帳，小切手帳，手形台帳，売掛台帳，給与台帳などの商業帳簿（商19条）である。

244

破産申立時に提出されます。

(2) 破産管財人の調査権

ア 説明を求めること

　破産管財人は，破産者やその役員，従業者[3]（破40条1項各号），及びそれらの地位にあった者（破40条2項）に対し説明を求めることができます（破83条1項）。これらの者は，破産管財人に対して，破産に関して説明義務を負います（破40条）。

イ 帳簿・書類等の検査

　破産管財人は，破産財団に帰属する帳簿・書類等の検査をすることができます（破83条1項）。

ウ 子会社等に対する調査権

　子会社や連結子会社に対しても，説明要求や帳簿・書類の検査ができます（破83条2項・3項）。

(3) 破産者の説明義務や重要財産開示義務を実効的なものとするための制度

　以下のような規定が設けられており，破産者の説明義務や重要財産開示義務を実効的なものとするために有用です。

① 破産者や役員の居住に係る制限（破37条，39条）

② 破産者や役員の引致の制度（破38条，39条）

③ 破産者の財産の隠匿，説明義務違反等は免責不許可事由とされている（破252条1項1号・6号・8号・11号）。

④ 説明拒否・虚偽説明，検査拒否，重要財産開示拒絶は処罰対象とされている（破268条1項・3項，269条）。

---

3 従業者には，雇用契約などにより事業に従事した者に限らず，名称を問わずに，事実上その組織内にあって，直接または間接にその業務に従事する者が広く含まれる。たとえば，年間契約で会計・税務業務を一括して請け負っていた税理士なども含まれると解される。従業者の範囲が広範であることや，これらの者が破産者に従属する立場にあって，刑罰の制裁を伴う義務を一律に課すことは酷な場合もあることから，従業者に説明義務が課されるのは裁判所の許可が条件とされる（破40条1項ただし書・5号）。

第5章　破産手続の進行

(4)　郵便物等の調査（郵便物等の転送の嘱託）

　裁判所は，破産管財人の職務の遂行のため必要と認めたときは，郵便事業者等に対し破産者あての郵便物等を破産管財人に配達すべき旨の嘱託をすることができます（破81条1項）。破産管財人は，これを開いて見ることもできます（破82条1項）。実務上は，必ず郵便物等の転送の嘱託がされています。

3　財産評定

　破産管財人は，破産財団に属する一切の財産の価額を評定します（破153条1項前段）。

　破産管財人は，別除権者に対しても担保目的物の提示を求め，これを評価することができます（破154条1項）。別除権の目的物に余剰がある場合には，その余剰は配当財源にまわるものであり，また，不足額責任主義（破108条1項）との関係で，担保権者がいくらの金額で配当加入してくるかは，配当率にも影響を及ぼすからです。

246

第2節　破産財団の管理・換価

```
                                              平成27年（フ）第●●号
                                              破産者　●●株式会社
              財　産　目　録
          (開始決定日＝　平成27年4月1日 現在)

                                              破産管財人弁護士　●●●●
  資産の部                                                    (単位：円)
```

番号	科　目	簿　価	評価額	備　考
1	現金	2,056,933	2,112,333	
2	預金	7,768,410	62,737	銀行の貸金との相殺により大半は回収不能
3	売掛金	29,200,000	28,000,000	120万円は売掛先倒産により回収不能
4	有価証券	0	0	
5	棚卸資産	1,410,000	140,000	H27.6.1付売却許可
6	立替金	722,766	0	社長交際費の立替。社長破産にて回収不能
7	不動産	1,765,314	1,700,000	●●市●町●丁目●番地　H28.3.10付売却許可
8	機械装置、車両運搬具、工具器具備品等	1,153,571	2,001,292	H27.6.10付売却許可
9	出資金	440,000	220,366	
10	保険	16,832,203	11,742,989	
11	敷金等	10,104,000	0	1000万円は破産者●●に対する敷金で回収不能。その他は原状回復費に充当予定。
12	預り金	－	14,042	番号7の不動産売却に関する固都税精算金(H28.3.18～12.31分)
	資産合計	71,453,197	45,993,759	

```
  負債の部
```

番号	科　目	届出額	評価額	備　考
1	一般破産債権	379,012,297	366,643,523	
2	財団債権（公租公課）	8,979,940	8,979,940	
3	財団債権（労働債権）	3,702,943	3,702,943	
4	財団債権（その他）	667,670	667,670	
5	優先的破産債権（労働債権）	1,874,490	5,280	
6	劣後的破産債権（公租公課）	349,500	349,500	
	負債合計	394,586,840	380,348,856	

財産評定の例

4　破産管財人の報告

(1)　裁判所への報告書提出

　破産管財人は，破産手続開始後遅滞なく，破産手続開始に至った事
情や，破産者・破産財団に関する経過報告及び現状などの必要な事項
を記載した報告書を裁判所に提出します（破157条1項）。

　破産管財人は，破産財団の管理・処分の状況その他裁判所が命じる
事項も裁判所に報告しなければなりません（破157条2項）。

(2)　債権者集会における報告

　破産管財人は，財産状況報告集会において(1)の報告書（破157条1項）

第5章　破産手続の進行

の要旨を報告します（破158条）。ただし，財産状況報告集会が開催されない場合，財産状況報告書を作成し，その要旨は破産債権者に送付するなどの措置をとることになっています（破規54条）。

(3)　債権者委員会に対する報告

　債権者委員会が設置されている場合（実務ではほとんど設置されない）には（破144条1項参照），破産管財人は，裁判所に提出した報告書や財産目録等を債権者委員会にも提出しなければなりません（破146条1項，147条）。

5　法人の役員の責任の追及

(1)　役員の責任の査定手続

　法人債務者について破産手続開始の決定があった場合，裁判所は，破産管財人の申立てにより又は職権で，役員の責任に基づく損害賠償請求権の査定の裁判をすることができます（破178条1項）。

　破産管財人が通常の裁判で責任追及することも可能ですが，責任追及を実効的なものとするため，破産にかかわる事情を把握している裁判体が簡易な決定手続で役員の損害賠償義務を定めることができるようにしたものです。

(2)　役員の財産に対する保全処分

　法人債務者について破産手続開始の決定があった場合，裁判所は，破産管財人の申立てにより又は職権で，役員の責任に基づく損害賠償請求権につき，当該役員の財産に対する保全処分をすることもできます（破177条1項）。

第2節　破産財団の管理・換価

第2　破産財団の換価

1　基本的事項

(1)　破産管財人の裁量

　破産財団に属する財産の管理及び処分をする権利は，破産管財人に専属し（破78条1項），換価方法，換価時期は破産管財人の裁量に委ねられています。

(2)　破産管財人の換価行為に対する制限

　破産管財人が次のような行為をするには，裁判所の許可が必要です（破78条2項）。ただし，7号～14号の場合100万円以下は許可不要です（破78条3項1号，破規25条）。また，裁判所が許可対象から除外することもできます（破78条3項2号）。

- 不動産に関する物権等の任意売却（破78条2項1号）
- 営業又は事業の譲渡（3号）（労働組合等の意見聴取が必要（4項））
- 商品の一括売却（4号）
- 動産の任意売却（7号）
- 債権又は有価証券の譲渡（8号）
- 双方未履行双務契約の履行請求（9号）
- 権利の放棄（12号）
- 別除権の目的である財産の受戻し（14号）

2　例外的換価方法

(1)　不動産等の換価方法

　不動産や特許権等については，破産管財人は民事執行法の定める手続によって換価することもできます（破184条1項）。ただし，任意売却すればよいので，実務ではあまり使われません。

249

第5章　破産手続の進行

(2)　別除権の目的物の換価方法

　別除権の目的物については，破産管財人は民事執行法の定める手続によって換価することもできます（破184条2項　第4章第3節第1の2(3)参照）。

(3)　別除権者が処分すべき期間の指定

　別除権者が法律に定められた方法によらないで目的物を処分する権利を有している場合（たとえば所有権留保，譲渡担保の場合），破産管財人は，換価のための処分期間を定めるよう裁判所に申し立てることができます（破185条1項　第4章第3節第1の2(4)参照）。

250

第3節

配 当

第1 基本的事項

1 配当をする場合

　破産管財人は，一般調査期日の終了後であって破産財団に属する財産の換価の終了後において，配当できる原資がある場合は，遅滞なく，最後配当（又はこれに代わる簡易配当（破 195 条 1 項，204 条）・同意配当（破 208 条））をします（破 195 条）。

　最後配当をすべき時期は，裁判所が破産管財人の意見を聴いてあらかじめ定めておくことができます（破 195 条 3 項）。手続の遅延防止のためです。

2 配当の順位

　配当の順位は以下の順位によります（破 194 条 1 項）。

① 優先的破産債権

　　優先的破産債権の中では，国税，地方税，公課，労働債権の順（破 98 条 2 項，国税徴収法 8 条，地方税法 14 条，健康保険法 182 条等）

② 一般的な破産債権（①③④以外の破産債権）

③ 劣後的破産債権

④ 約定劣後破産債権

同順位の中では債権額に比例して平等です（破 194 条 2 項）。

251

第2 最後配当の手続（破195条以下）

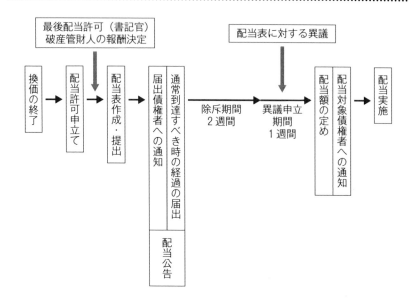

1 最後配当許可

　破産管財人は，最後配当をするには，裁判所書記官の許可を得なければなりません（破195条2項）。書記官の権限とされたのは，換価が終了し，財団債権も確定している場合，配当の当否については比較的形式的に判断できるからです。

　通常，同時に破産管財人の報酬決定もなされます。これが決まらないと配当できる額が決まらないからです。

2 配当表の作成

　破産管財人は，最後配当の許可を得たときは，遅滞なく，配当手続に参加することができる破産債権者の氏名・名称及び住所，配当手続に参加できる債権額，配当をすることができる金額を記載した配当表を作成し，裁判所に提出します（破196条）。

配当表の記載は，破産債権の調査及び確定の手続の結果，破産法198条に定める配当参加の要件に関する状況並びに破産法194条に定める順位に従い作成されます。

債権調査結果

届出番号	枝番	債権者名	債権の種類	確定債権額	性質
1		○○市役所	固定資産税	100,000	優先債権
2		福岡次郎	退職金	300,000	優先債権
3	1	スネーク製粉㈱	売掛金	5,000,000	一般
	2		遅延損害金	1,639	一般
	3		遅延損害金	額未定	劣後債権
	4		損害賠償金	0	一般
4		ホース信用組合	貸付金	100,000,000	別除権付
5		㈱ドッグ銀行	貸付金	400,000,000	別除権付
6		ボア信用金庫	貸付金	100,000,000	別除権付
7		佐賀四郎	敷金返還請求権	120,000	停止条件付

配当試算

優先債権配当率：100％
一般債権配当率：5.4321％

配当の手続に参加することができる債権の額	配当額	備考
100,000	100,000	優先債権
300,000	300,000	優先債権
5,000,000	271,605	
1,639	89	
0	0	
0	0	訴訟により0で確定
0	0	別除権不足額の証明ないため除斥
309,300,000	16,801,485	任意売却により別除権不足額確定
100,000,000	5,432,100	任意売却により別除権不足額確定
0	0	条件未成就のため除斥

債権調査結果から配当額を算出する過程の例

3　配当の公告又は通知

破産管財人は，配当表を裁判所に提出した後，遅滞なく，最後配当の手続に参加できる債権の総額及び配当をすることができる金額を公告し，又は届出をした破産債権者に個別に通知します（破197条）。

通知については，それが通常到達すべきであった時に送達したものとみなし，その時を経過したときは，破産管財人は，遅滞なく，その旨を裁判所に届け出なければなりません（破197条3項）。

4　最後配当に関する除斥期間

破産法197条1項による公告が効力を生じた日又は同条3項による届出があった日から起算して2週間が，最後配当に関する除斥期間となります。

次の破産債権が最後配当に参加するには，除斥期間内に一定の要件を満たすことが必要です。

第5章 破産手続の進行

破産債権の種類	最後配当に参加できる要件
異議等のある無名義債権	破産債権査定の手続，破産債権査定異議の訴えに係る訴訟手続又は破産法127条1項の規定による受継があった訴訟手続が係属していることの証明（破198条1項）
停止条件付債権又は将来の請求権（破103条4項）	行使することができる状態に至っていること（破198条2項）
別除権不足額（破108条）	不足額の証明（＝競売実行又は任意売却），又は破産手続の開始後に，被担保債権である破産債権の全部又は一部につき担保されないこととなったことの証明（破198条3項，108条1項ただし書）⇒根抵当権の場合の特則あり

　除斥期間内に最後配当に参加できる要件が満たされた場合，破産管財人は配当表を更正します（破199条）。

　上表のとおり，別除権付破産債権を有する者が配当を受けるには，不足額を証明する必要がありますが，根抵当権の場合の別除権不足額に関する特則があります。根抵当権によって担保される債権については，極度額を超える部分は当然に担保されません。そのため，この部分は根抵当権者による別除権不足額の証明がなくとも確定不足額と扱うのが妥当と考えられます。

　そこで，破産管財人は，根抵当権によって担保される破産債権については，当該破産債権者が不足額を証明しない場合においても，最後配当の許可のあった日における当該破産債権のうち極度額を超える部分の額を最後配当の手続に参加できる額とみなして，配当表に記載することとされています（破196条3項）。当該根抵当権により担保される破産債権を有する破産債権者が最後配当に関する除斥期間内に不足額を証明したときは（たとえば極度額未満でしか売却できず，配当表記載額より不足額が増えたとき），その額について最後配当の手続に参加することができ，同期間内にこの証明がされないときは，最後配当の手続に参加することができる不足額を配当表に記載された額とみなすものとしています（破198条4項）。

第3節　配当

5　配当表に対する異議

　届出をした破産債権者で配当表の記載に不服があるものは，最後配当に関する除斥期間が経過した後1週間以内に限り，裁判所に対し，異議を申し立てることができます（破200条1項）。配当表に対する異議は，配当表の記載が破産債権の調査及び確定の手続の結果，破産法198条に定める配当参加の要件に関する状況並びに破産法194条に定める順位と齟齬していることを理由とするものです。

　裁判所は，異議の申立てを理由があると認めるときは，破産管財人に対し，配当表の更正を命じます（破200条2項）。これに対しては即時抗告が可能です（同条3項）。

6　配当表の更正

　次のような場合，破産管財人は配当表を更正します。

① 　除斥期間内に破産法198条所定の配当参加の要件が整った場合（破199条）
② 　配当表に誤りがあった場合（破199条1項1号）
③ 　認否の変更や破産債権の取下げにより確定した破産債権に変動があった場合
④ 　配当表に対する異議が認められ，裁判所が配当表の更正を命じた場合（破200条2項）
⑤ 　新たに最後配当に充てることができる財産があるに至ったとき（破201条6項）

7　配当額の定め及び寄託されたものの精算

　破産管財人は，配当表に対する異議申立期間が経過した後，異議申立てがあった場合には，当該申立てに係る手続が終了した後，遅滞なく，最後配当の手続に参加することができる破産債権者に対する配当

255

第5章　破産手続の進行

額を定めます（破201条1項）。

　停止条件付債権又は将来の請求権である破産債権につき最後配当の除斥期間内に当該債権が行使できる状態に至らなかったときは，当該破産債権者のため寄託した金額（破70条）を，他の破産債権者に対して最後配当の一部として配当します（破201条2項）（第4章第8節第2の2(2)参照）。

　解除条件付債権については，最後配当の除斥期間内に条件が成就しないときは，当該破産債権者が破産法69条の規定により提供した担保は失効し，同条の規定により寄託した金額は，当該破産債権者に支払わなければなりません（破201条3項）。

　①優先的破産債権である給料の請求権・退職手当の請求権につき弁済を受けた債権者，又は，②破産手続開始後に外国にある破産財団所属財産に対して権利を行使したことにより弁済を受けた破産債権者（破109条）は，他の同順位の破産債権者が自己の受けた弁済と同一の割合の配当を受けるまでは，最後配当を受けることができません（破201条4項　ホッチポット・ルール）。

8　配当額の通知

　破産管財人は，以上により定めた配当額を，最後配当の手続に参加することができる債権者に通知しなければなりません（破201条7項）。

9　配当の実施

　配当額の通知を受けた各債権者は，原則として破産管財人がその職務を行う場所に行って配当金を受け取らなければなりませんが（取立債務），管財人との合意に基づいて，送金等を受けることもできます（破193条2項）。実務では，破産債権者が届け出た預金口座への振込が一般的です。

　債権確定のための手続が落着していないため，すぐには支払えない

256

配当額は，債権者が受け取らない配当額とともに，その債権者のために破産管財人により供託されます（破202条）。

第3　他の配当手続

1　簡易配当（破204条）

　配当することができる金額が1000万円に満たない事件等について，裁判所書記官の許可を受けて，最後配当に代えて行われる簡易・迅速な配当手続です。①配当公告をすることなく，かつ配当に関する通知は一度で足りるものとしている点，②除斥期間を1週間としている点などで，簡易・迅速化が図られています。

2　同意配当（破208条）

　届出をした破産債権者の全員が，破産管財人の定めた配当表，配当額及び配当の時期・方法について同意している場合に，その同意に従って配当を行うというものです。破産管財人が，裁判所書記官の許可を受けて，最後配当の代わりに行われます。

3　中間配当（破209条）

(1)　中間配当をする場合

　一般の債権調査期日の終了後，破産財団に属する財産の換価が終了する前において，配当をするのに適当な金銭があると認めるときは，破産管財人は，裁判所の許可を得て，届出をした破産債権者に対し，中間配当をすることができます（破209条1項・2項）。

(2)　別除権者の扱い

　別除権者は，中間配当に関する除斥期間内に，別除権の目的である

第5章　破産手続の進行

財産の処分に着手したことを証明し，かつ，当該処分により弁済を受けることができない債権の額を疎明しなければなりません（破210条1項）。これをしなければ，中間配当に参加できません。

① 中間配当に関する除斥期間内に，処分着手の証明・不足額の疎明があったとき破産管財人は，配当表を更正します（破210条3項）。疎明された不足額は寄託されます（破214条1項3号）[1]。

この寄託された配当額は，最後配当の除斥期間終了までに，不足額の証明等がなされれば受領できますが，それがなされないときは他の破産債権者の最後配当の原資となります（破214条3項）。

② 処分着手の証明又は不足額の疎明がないとき

中間配当の手続に参加できなかった別除権者は，次期の中間配当に関する除斥期間内に証明及び疎明をしたときは，その中間配当において受けることのできた額について，次期の中間配当において，他の同順位の破産債権者に優先して弁済を受けることができます（破213条）。ただし，不足額の疎明にとどまっている場合は，配当額が寄託され（破214条1項3号），受領できるわけではありません。

(3) 異議等のある無名義債権の扱い

破産債権査定の手続，破産債権査定異議の訴えに係る訴訟手続又は破産法127条1項の規定による受継があった訴訟手続が係属していることの証明（破198条1項）がなければ中間配当に参加できません（破209条3項，198条1項）。

これを証明した場合，配当額は寄託されます（破214条1項1号）。

中期配当の手続に参加することができなかった破産債権者が，次期の中間配当又は最後配当に関する除斥期間内に当該事項につき証明をした場合は，その中間配当において受けることのできた額について，他の同順位の破産債権者に優先して弁済を受けることができます（破

---

1 不足額が証明されているときは，他の確定債権と同様にこの配当額を受領できる。

第3節 配当

213条）。ただし，所定手続の係属の証明にとどまる場合は，寄託又は供託され，受領できるわけではありません（破214条2項）。

⑷ 停止条件付債権・将来の請求権の扱い

配当額が寄託されます（破214条1項4号）。

この寄託分は，最後配当の除斥期間内に行使できる状態にならないときは，他の破産債権者の最後配当の原資となります（破214条3項）。

⑸ 解除条件付債権の扱い

担保を提供しなければ中間配当を受けることができません（破212条1項）。最後配当の除斥期間内に解除条件が成就しないときは，この担保は失効し，債権者に返還されます（破212条2項）。

担保を提供しない場合，配当額は寄託されます（破214条1項5号）。最後配当の除斥期間内に解除条件が成就しないときは，寄託分は当該債権者に支払われます（破214条4項）。

4 追加配当（破215条以下）

配当表の更正ができなくなった後，新たに配当に充てることができる相当の財産があることが確認されたときは，破産管財人は，裁判所の許可を得て，届出をした破産債権者に対して，追加配当をします。破産手続終結の決定があった後でも同様です（破215条1項）。

配当表の更正ができなくなった後や破産手続終結後に，隠匿された財産が発見されたり，査定異議訴訟等において配当額を供託された破産債権者の敗訴が確定したりした場合に対応するための制度です。

配当表の更正ができなくなった後とは，最後配当の場合には破産法201条7項の規定による配当額の通知を発した後，簡易配当にあっては配当表に対する異議申立期間が経過した後，同意配当にあっては同意配当の許可があった後のことをいいます。

追加配当は，最後配当，簡易配当又は同意配当について作成した配

259

第5章　破産手続の進行

当表によって行います（破215条3項）。

　配当に充てることができる相当な財産が破産手続終結決定後に確認された場合，追加配当できるかについては，見解が分かれています。この場合，追加配当はできないとする見解もあります。この見解は，破産法215条1項後段の「破産手続終結の決定があった後であっても，同様」の意味を，新たに配当に充てることができる相当の財産があることが破産手続中に確認されたときは，破産手続終結決定があったとしても追加配当をしなければならないという意味に読むものです。①破産手続終結決定後は破産者の財産管理処分権が回復すること，②破産手続終結後に破産者と取引した者の取引の安全を害することなどを実質的理由としています。しかし，①その発見がたまたま破産手続終結後であることを理由に追加配当の財源とすることを否定するのは，不誠実な破産者を利することになって公正の理念に反するし，②「破産手続終結の決定があった後であっても，同様」は，新たに配当に充てることができる相当の財産があることが確認されたときも同様という趣旨と読むのが自然であり，その実施に必要な限度で破産管財人の権限も復活すると見るのが合理的ですから，追加配当はできるものと考えます[2]。

2　伊藤 747 頁

第4節 破産手続の終了

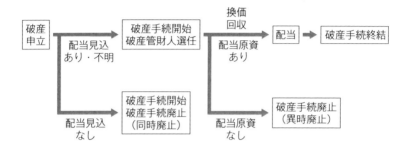

1 最後配当（簡易配当・同意配当）をした場合

(1) 計算報告

最後配当がなされた後，破産管財人は，計算の報告書を裁判所に提出し（破88条1項），計算報告のための債権者集会が招集されます（破88条3項，135条1項本文　一括指定・続行方式につき，第3章第2節第4②参照）。破産管財人は，書面による計算報告の申立てをすることもできます（破89条）。計算が承認されると，破産管財人は免責されます（破88条6項，89条4項参照）。

(2) 手続終結

計算報告の手続が終わると，裁判所は，破産手続終結の決定をし，その主文及び理由の要旨を，破産者に通知するとともに，公告します（破220条）。これによって，破産手続は終了します。

第5章　破産手続の進行

2　配当できない場合

(1)　同時廃止

　裁判所が破産手続開始決定時において，破産財団をもって破産手続の費用を支弁するのに不足すると認めるときは，破産手続開始決定と同時に破産手続廃止の決定をします（破216条）。破産管財人は選任されません。

(2)　異時廃止

　裁判所が，破産手続開始の決定があった後，破産財団をもって破産手続の費用を支弁するのに不足すると認めるときは，破産手続廃止決定をします（破217条）[1]。

3　破産手続終了後の破産管財人の当事者適格

　破産手続終了後の破産管財人の当事者適格が問題になる場合として，以下のような事案を想定してみます。

　Xの所有する土地・建物には，A株式会社を根抵当権者とする根抵当権設定登記が設定されていた。A社は破産し，Yが破産管財人に選任されたが，上記根抵当権設定登記について特段の処理をしないまま，破産手続終結決定がなされた。その15年後，XがY破産管財人を被告として根抵当権設定登記の抹消を求める訴訟を提起した。

　上記のような事案について，最判平5・6・25民集47巻6号4557頁（百選100事件）は，当該財産（上記事案ではXの所有する土地・建物について

1　ほかにも，破産債権者の同意による破産手続廃止の制度があるが，実務上まれである。

の根抵当権）が破産財団を構成し得るものであったとしても，破産管財人において，破産手続の過程で破産終結後に当該財産をもって追加配当の対象とすることを予定し，又は予定すべき特段の事情がない限り，破産管財人に訴訟の当事者適格はないと判示しました。そのような特段の事情があるときには，破産管財人の任務はいまだ終了していないので，当該財産に対する管理処分権も消滅しないというべきですが，そのような特段の事情がない限り，破産管財人の任務は終了し，したがって，破産者の財産に対する破産管財人の管理処分権も消滅すると解すべきだとしています。

　上記のような事案では，XがA社の清算人（会478条3項）又は特別代理人（民訴35条）の選任を申し立てる必要があります（200問176頁）。

第6章

免責・復権

第6章　免責・復権

第1節　免　責

第1　免責の目的

　かつての破産手続は債務者の懲罰・懲戒に主眼がありましたが，現在の破産手続は，債務者の財産等の清算とともに，債務者について「経済生活の再生」の機会の確保を図ることをも目的としています（破1条）。免責手続（破248条以下）は，破産手続を経て弁済されなかった債務について，破産者の経済生活の再生のために，その責任を免除する制度です。

　免責制度の合憲性が争われたことがありますが，最決昭36・12・13民集15巻11号2803頁（百選82事件）は，免責制度を「誠実なる破産者に対する特典」と位置付けた上で，「破産者を更生させ，人間に値する生活を営む権利を保障することも必要であり，さらに，もし免責を認めないとすれば，債務者は概して資産状態の悪化を隠し，最悪の事態にまで持ちこむ結果となって，却つて債権者を害する場合が少くないから，免責は債権者にとつても最悪の事態をさけるゆえんである。これらの点から見て，免責の規定は，公共の福祉のため憲法上許された必要かつ合理的な財産権の制限である」と判示しています。

第2　免責の手続

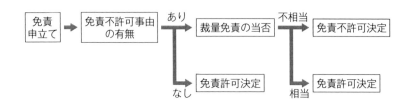

第 1 節　免 責

1　免責の申立て

　免責手続は，破産とは別個の手続で，個人債務者が破産裁判所に対し免責許可の申立てをすることにより開始します。その申立ては，破産手続開始の申立てがあった日から破産手続開始の決定が確定した日以後 1 か月を経過する日までの間に行う必要があります（破 248 条 1 項）。自己破産の申立ての場合は，通常は破産申立てと同時に申し立てられます[1]。

　申立てに当たっては，債権者名簿を提出する必要があります（同条 3 項）[2,3]。

2　免責に関する調査

　裁判所は，破産管財人に，免責不許可事由（破 252 条 1 項）の有無，裁量免責の可能性の判断に当たって考慮すべき事情（破 252 条 2 項）についての調査をさせ，その結果を書面で報告させることができることとされています（破 250 条 1 項）。

　また，破産管財人・破産債権者は免責の当否に関し意見申述できることになっています（破 251 条）。

　免責の許否の判断に先立って，破産者等の審尋をすることは必須ではありませんが，実務運用として，審尋期日を開いて破産者等の審尋を実施している裁判所も多いです。また，同時廃止でない場合には，財産状況報告集会と同日に免責審尋期日を指定し，そこで債権者の意見を聴くなどして，免責に関する審理をする運用も多いです。

1　個人債務者が自ら破産手続開始の申立てをした場合，免責許可の申立てが擬制される（破 248 条 4 項）。この場合，破産申立添付書類としての債権者名簿は免責許可申立てのための債権者名簿を兼ねるものとみなされる。
2　虚偽の債権者名簿を提出したことは，免責不許可事由である（破 252 条 1 項 7 号）。
3　破産者がその存在を知りながら債権者名簿に記載しなかった請求権（当該破産者について破産手続終結決定があったことを知っていた者の有する請求権を除く）は免責されない（破 253 条 1 項 6 号）。

267

第6章 免責・復権

3 免責審理期間中の個別執行禁止効

免責許可の申立てがあり、かつ、同時破産手続廃止（破216条1項）、異時破産手続廃止（破217条1項）の決定の確定又は配当後の破産手続終結の決定（破220条1項）があったときは、免責許可の申立てについての裁判が確定するまでの間、破産者の財産に対する破産債権に基づく強制執行等はすることができず、破産者の財産に対してすでにされているものは中止します（破249条1項）。

旧法下では、破産手続が終了してから免責許可決定確定までの間、債権者が強制執行等を行うことが禁止されていませんでした。しかし、それでは破産者の経済生活の再生に支障となるので、この規定が設けられました。

免責許可決定が確定したときは、中止した破産債権に基づく強制執行等の手続は、その効力を失います（破249条2項）。

4 免責許否の裁判

破産者について免責不許可事由（破252条1項1号～11号 後出）のいずれにも該当しない場合には、裁判所は、免責許可の決定をします（破252条1項）。

免責不許可事由が認められる場合であっても、裁判所は、破産手続開始の決定に至った経緯やその他の一切の事情を考慮して、相当と認めるときは免責を許可することができます（破252条2項）。これを「裁量免責」といいます。破産制度は、破産者の経済生活の再生をも目的としていることから、現在の実務では、免責不許可事由があったとしても、高い割合で裁量免責が認められています。

裁量免責を認めなかった裁判例として、東京高決平26・3・5判時2224号48頁があります。この決定は、悪質商法をしていた法人の代表者が整理屋グループと組み詐害目的での資産移転行為をしたものの、破産管財人の調査には協力した事案について、破産管財人の調査に協

268

第1節　免責

力したという不誠実性を減殺する事情があったとしても，破産免責により破産者の経済的更生を図ることが社会公共的見地から相当とはいえないとして，裁量免責を認めませんでした。

5　即時抗告

　免責許可の申立てについての裁判に対しては，即時抗告をすることができます（破252条5項）。即時抗告の期間は，裁判の告知を受けた日から1週間（破13条，民訴332条），裁判の公告があった場合には公告の効力が生じた日から2週間（破9条後段）とされています。

　ところで，裁判所は，免責許可の決定をしたときは，直ちに，その裁判書を破産者及び破産管財人に，その決定の主文を記載した書面を破産債権者に，それぞれ送達しなければならず（破252条3項前段），この場合において，破産債権者に対する送達については公告をもって代えることができる（同項後段，破10条3項）とされています。実務では，破産債権者に対する送達については，送達に代えて公告を行うとともに，免責についての意見申述（破251条）をした破産債権者に対しては個別に決定の主文を記載した書面を送達するという運用があります。このような運用がされている場合，個別の送達を受けた破産債権者の即時抗告期間はいつまでかが問題となります。最決平12・7・26民集54巻6号1981頁（百選85事件）は，「多数の利害関係人について集団的処理の要請される破産法上の手続においては不服申立期間も画一的に定まる方が望ましいこと」等を理由として，破産者の免責決定について送達及び公告がされた場合には，同決定に対する即時抗告期間は，公告のあった日から起算して2週間となる旨判示しています。

第3　免責不許可事由（破252条1項1号～11号）

　免責不許可事由は以下のとおりです。

① 債権者を害する目的でする財産の隠匿，損壊等（1号）

269

第6章　免責・復権

② 破産手続の開始を遅延させる目的でする不利益処分等 (2号)

破産必至の状況で，さらに借入れをしたり，クレジットで買い入れた商品を廉価で換金したりして，他の返済に充てることにより破産開始を遅らせる行為などです。

③ 破産者の義務に属さない偏頗行為 (へんぱこうい) (3号)

支払不能の状況で，特定の債権者に，期限前に弁済したり，担保設定の合意がないのに担保を設定したりする場合などです。

④ 浪費・賭博，過大な債務負担等 (4号)

実務では，これに該当する場合であっても，緩やかに裁量免責を認めているという印象です。そのような裁判例として以下のものがあります。

- 東京高決平8・2・7判時1563号114頁 (百選84①事件) の要旨
破産者の財産状態に照らして不相応に多額な借入れを行って，その大部分をもとに株式投資をして過大な債務を負担したことは，浪費行為に該当するが，バブル経済の渦中では無理からぬ面もあること，経済的破綻が予期しない経済変動によってもたらされたものであること，それなりに誠実に債務の支払に努めてきたこと，親戚等から経済的支援を受ける見込みが少ない上に身体障害者を扶養しなければならないことから裁量免責。

- 福岡高決平9・8・22判時1619号83頁 (百選84②事件) の要旨
4台の自動車を買い替えたことは，必要かつ通常の消費を超えたもので，「浪費」に当たるが，債務負担の原因が父親の借金返済のためのものであったこと，破産者が職を失ったこと，異議の申立てをした債権者がいないこと，破産者に更生可能性があることから裁量により免責を認めるのが相当。

⑤ 詐術による信用取引 (5号)

破産手続開始の申立ての1年前から破産手続開始決定の日までの間に，破産原因があることを知りながら，それがないと信じさせるため，詐術を用いて借財をする等，信用取引により財産を取

270

得した場合です。

　単に破産原因となる事実を相手方に告知せずに借入れを行った
だけで，詐術を用いたといえるか問題となりますが，大阪高決平
2・6・11 判時 1370 号 70 頁（百選 83 ①事件）は，詐術を用いるとは，
資産若しくは収入があることを仮装するなどの積極的な欺罔手段
を取った場合若しくはこれと同視すべき場合を指すのであって，
破産者が単に支払不能等の破産原因事実があることを黙秘して相
手方に進んで告知しなかったことのみではこれに当たらない旨判
示しています。仙台高決平 5・2・9 判時 1476 号 126 頁（百選 83 ②
事件）は，免責不許可事由への該当を否定してはいないものの，
少なくとも積極的に詐術を用いて借入れしたものとまでは窺えな
いことを含めて諸般の事情を総合考慮するならば，裁量免責が相
当である旨判示しています。

⑥　帳簿等の隠滅等（6 号）

⑦　虚偽の債権者名簿の提出（7 号）

⑧　裁判所に対する説明義務違反（8 号）

　東京高決平 7・2・3 判時 1537 号 127 頁は，賭博により多額の
借金を負ったのに，賭博はやらないという虚偽の陳述をした破産
者につき，「免責制度は，誠実な破産者を更生させる目的のもと
に，その障害となる債権者からの責任追及を遮断するために破産
者の責任を免除するものであって，誠実な破産者に対する特典と
して免責を与えるものである」とした上で，「裁判所に対し誠実
に真実を陳述すべき義務があるにもかかわらず，その財産状態に
つき虚偽の陳述をしたときには，破産者が右義務に違背し裁判所
に対する背任行為をした不誠実な破産者として右特典を付与しな
い」として免責不許可としています。

⑨　不正の手段による管財人等の職務妨害（9 号）

　東京地決平 24・8・8 判時 2164 号 112 頁は，破産者が預金や収
入を破産手続開始申立書添付の資産目録に記載していなかったこ
と，その所有する自宅土地建物の任意の明渡しを拒絶したこと，

第6章　免責・復権

未登記建物につき，破産手続開始決定後に保存登記した上で第三者に移転登記したこと，これに関する訴訟において，第三者に有利な虚偽の証言を行ったことなどの事実を認定し，本号の免責不許可事由があるとしています（裁量免責も認めていません）。

⑩　再免責申立て（10号）

⑪　破産法上の義務違反（11号）

第4　免責許可決定の効力

1　免責される範囲

免責許可決定が確定したときは，破産者は，その破産手続による配当を除き，破産債権についてその責任を免れます。ただし，衡平の観点や政策的理由から，下記の債権が免責の対象から外されています（破253条1項）。

（非免責債権）

①　租税等の請求権（1号）

②　破産者が悪意で加えた不法行為に基づく損害賠償請求権（2号）

本号にいう「悪意」の意味については，故意と同義か，積極的害意を意味するか争いがあります。

最判平12・1・28金判1093号15頁（百選86事件）は，破産者が，支払能力がないにもかかわらず，クレジットカードの発行を受け，これを利用して商品などを購入していた事案において，破産者の商品などの購入は「悪意ヲ以テ加ヘタル不法行為」を構成するとし，「悪意ヲ以テ加ヘタル不法行為」の意味を明確にしていません（注：現行法253条1項3号ができる前の事件）。しかし，現行法では，本号とは別に，「故意又は重大な過失」を要件とする3号を設けており，本号では「悪意」という語を使って「故意」と使い分けていますので，本号の「悪意」は単なる故意ではなく積極的害意を意味すると考えます。

第1節　免責

③　破産者が故意又は重大な過失により加えた人の生命又は身体を害する不法行為による損害賠償請求権で②の請求権を除いたもの（3号）

④　養育費や婚姻費用等の親族関係に係る一連の請求権（4号）

⑤　雇用関係に基づいて生じた使用人の請求権及び使用人の預り金返還請求権（5号）

⑥　破産者がその存在を知りながら債権者名簿に記載しなかった請求権（当該破産者について破産手続開始決定があったことを知っていた者の有する請求権を除く）（6号）

　　これを非免責債権としたのは，破産者が債権者を債権者名簿に記載しなかった場合，免責についての意見申述期間の通知（251条2項）等の手続保障も受けないからです。

⑦　罰金，科料，刑事訴訟費用，追徴金又は過料の請求権（7号）

2　免責後の債務の性質

　破産法253条1項の「責任を免れる」の意味については，A：債務そのものは消滅せず，自然債務となるので，任意弁済は可能だが，責任が消滅するので強制執行はできないとする説（自然債務説）とB：債務そのものが消滅するとする説（債務消滅説）があります。自然債務説は，①破産法253条1項が端的に破産債権が消滅すると規定するのではなく「破産債権について，その責任を免れる」という文言を使っていること，②破産法では附従性のある保証債務が消滅しないこと（破253条2項）が説明しやすいことを根拠としています。自然債務説が従来の通説ですが，これによると，債権者による任意弁済の強要を招き，債務者の経済的更生を妨げるおそれがあるとして，債務消滅説に与する見解が増えています。

　免責後の債務の性質が検討された裁判例として，横浜地判昭63・2・29判時1280号151頁（百選87事件）があります。この判決は，免責許可決定確定後に，債務者が破産債権について任意に支払の約定を

273

結んだ事案において，免責された債権は自然債務になるのだとしても，債権者の支払要求に対し，単に旧来の債務の支払約束をし，支払義務を負うことは，破産者の経済的更生を遅らせるのみで何らの利益もないので，免責の趣旨に反し無効と判示しています。

また，最判平9・2・25判時1607号51頁（百選88事件）も免責後の債務の性質に言及しています。破産債権者が破産者の破産申立前の資産譲渡が詐害行為に当たるとして，免責許可決定確定後に，資産の譲受人に対し，免責の対象となった債権を被保全権利として詐害行為取消権（民424条）を行使した事案です。

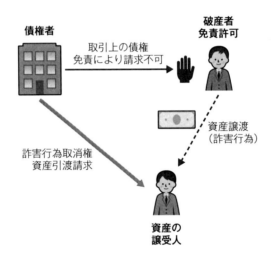

同最判は，免責を受けた債権は訴求力・執行力を失っており，詐害行為取消権行使の前提を欠くことから，取消権の行使はできないと判示しています。

上記2つの判決はいずれも自然債務説によっています。

3　強制執行の禁止

免責許可決定が確定すると，非免責債権でない限り，破産債権者は，破産者の財産に対して強制執行することはできなくなります[4]（破253条

第 1 節　免 責

1項)。そして，破産者に対する債務名義 (破221条1項) である破産債権者表に免責許可決定が確定した旨記載されます (破253条3項)。

　免責決定が確定している以上，破産債権者表に基づき破産者に対し強制執行することはできないと考えられますが，非免責債権については可能と考えられます[5]。

4　保証人等への効果

　主たる債務が免責されてもその効果は保証人や物上保証人には及びません (破253条2項)。保証は，主債務者の履行がない場合に，履行を担保することを目的としていますから，そう扱わないと保証の意味がありません。したがって，破産債権者は，保証人等に対して，免責後でも請求することができます[6]。

　条文上は，破産者が破産債権者のために供した担保には言及されていませんが，当該担保目的財産が処分されない間に免責決定がされた場合，担保の趣旨からして，免責の効力は当該担保には及ばないものと考えます[7]。

　なお，破産法253条2項の趣旨につき，自然債務説では，主たる債務の存続を前提にする規定と説明することになりますが，債務消滅説では，保証債務の付従性の例外規定と見ることになります。

4　免責許可決定は，民事執行法39条1項，40条1項に規定される執行停止文書・取消文書に含まれていないが，民事執行法39条1項6号所定の文書を拡張解釈して，免責許可決定の正本を執行停止・取消文書として扱うべきとする説がある。こう考えないと，破産者は各強制執行に対し個別に対応をとらざるを得ず，経済生活の再生の支障となる。
5　破産事件の記録の存する裁判所の裁判所書記官は，破産債権者表に免責許可の決定が確定した旨の記載がされている場合であっても，破産債権者表に記載された確定した破産債権がその記載内容等から非免責債権に該当すると認められるときには，執行文を付与することができると考えられる (最判平26・4・24民集68巻4号380頁)。
6　しかし，保証人の求償権は，免責許可決定の効力を受ける。
7　最判平30・2・23民集72巻1号1頁は，「抵当権の被担保債権が免責許可の決定の効力を受ける場合には，民法396条は適用されず，債務者及び抵当権設定者に対する関係においても，当該抵当権自体が，同法167条2項 (筆者注：改民166条2項) 所定の20年の消滅時効にかかる」と判示しているが，免責の効力は当該担保には及ばないことを前提にしていると考えられる。

第6章　免責・復権

　主債務者に対する破産債権が免責を受けた場合，保証人に対する請求ができるとしても，主債務者に対しては訴求できず消滅時効の中断（改正民法では，時効の完成猶予及び更新）ができないことになります。その場合に，保証人が主債務の消滅時効を援用し，附従性により保証債務も消滅したことを主張することができるか問題となります。

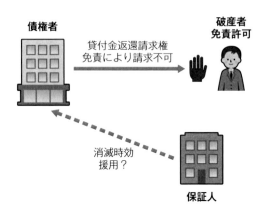

　最判平11・11・9民集53巻8号1403頁（百選89事件）はそのような事案について，保証人は，免責を受けた債権についての消滅時効を援用できないと判示しています。破産免責を受けた債権は訴求力・執行力を失っており，もはや現行民法166条1項にいう「権利を行使することができる時」を起算点とする消滅時効の進行を観念することができないことを理由とするものです。

第2節

復 権

第1　破産による資格制限等

　破産すると，就職できない職があります。就職制限のある職として，弁護士，弁理士，司法書士，土地家屋調査士，不動産鑑定士，公認会計士，税理士，社会保険労務士，証券外務員，警備員，風俗営業を営もうとする者などがあります。

　また，破産は代理権の消滅事由（民111条）であり，後見人（民847条），保佐人（民876条の2第2項），補助人（民876条の7第2項），遺言執行者（民1009条）の欠格事由でもあります。

　しかし，医師，看護士，建築士，教員，地方公務員等資格に関係ないものも多いです。また，委任の終了事由（民653条2号）なので，取締役・監査役は退任となります[1]。

第2　復権の意義

　復権とは，破産手続開始により破産者が受けている資格や権利について，制限を消滅させることをいいます。

　免責許可決定の確定（破255条1項1号）等，当然に復権する場合（破255条1項）と復権の決定により復権する場合があります（破256条）。

1　ただし，欠格事由ではないので（会331条1項，335条1項），再任可。

277

著者紹介

《著者紹介》

^{たか ぎ}　^{ひろやす}
髙木　裕康

東京大学法学部卒。1988 年 4 月弁護士登録（第二東京弁護士会）。東京丸の内法
律事務所に所属。多くの企業の顧問・社外役員を務め，企業法務を中心に弁護士
業務を行う一方，多数の企業再建・倒産処理を担当。

司法試験考査委員（倒産法），第二東京弁護士会倒産法研究会代表幹事，日本弁
護士連合会倒産法制等検討委員会委員長，法政大学法科大学院兼任教員（倒産
法），東京大学法科大学院非常勤講師（倒産処理研究）などを歴任。

著書に，『債権法改正対応！保証契約の法律と実務 Q & A』（共著，日本加除出版，
2018），『経営権争奪紛争の法律と実務 Q & A』（共著，日本加除出版，2017），
『事業再生 ADR のすべて』（共著，商事法務，2015），『民事再生法書式集　第 4
版』（共著，信山社，2013），『民事再生 QA500　第 3 版　プラス 300』（共著，信
山社，2012）などがある。

明日，相談を受けても大丈夫！
破産事件の基本と実務
モデル事例と基本判例・論点でつづる破産法入門

2019 年 3 月 28 日　初版発行
2021 年 1 月 12 日　初版第 2 刷発行

著　者　髙　木　裕　康

発 行 者　和　田　　　裕

発 行 所　日 本 加 除 出 版 株 式 会 社

本　　社　郵便番号 171-8516
　　　　　東京都豊島区南長崎 3 丁目 16 番 6 号
　　　　　Ｔ Ｅ Ｌ　(03) 3953-5757 (代表)
　　　　　　　　　　(03) 3952-5759 (編集)
　　　　　Ｆ Ａ Ｘ　(03) 3953-5772
　　　　　Ｕ Ｒ Ｌ　www.kajo.co.jp

営 業 部　郵便番号 171-8516
　　　　　東京都豊島区南長崎 3 丁目 16 番 6 号
　　　　　Ｔ Ｅ Ｌ　(03) 3953-5642
　　　　　Ｆ Ａ Ｘ　(03) 3953-2061

組版　㈱アイワード／印刷・製本　京葉流通倉庫㈱

落丁本・乱丁本は本社でお取替えいたします。
★定価はカバー等に表示してあります。
© Hiroyasu Takagi 2019
Printed in Japan
ISBN978-4-8178-4544-3

JCOPY 〈出版者著作権管理機構　委託出版物〉
　本書を無断で複写複製（電子化を含む）することは，著作権法上の例外を除き，禁じられています。複写される場合は，そのつど事前に出版者著作権管理機構（JCOPY）の許諾を得てください。
　また本書を代行業者等の第三者に依頼してスキャンやデジタル化することは，たとえ個人や家庭内での利用であっても一切認められておりません。

〈JCOPY〉 Ｈ Ｐ：https://www.jcopy.or.jp　e-mail：info@jcopy.or.jp
　　　　　電話：03-5244-5088，FAX：03-5244-5089

スキルアップ法律事務
破産申立ての事務手続

商品番号：40733
略　　号：法破産

矢野公一 著
2018年10月刊 A5判 340頁 本体2,800円＋税 978-4-8178-4512-2

●現場をよく知り、研修会講師としても活躍中のベテラン事務職員が、破産手続の申立てに特化した事務手続と流れをストーリーで解説。理解を促すマンガを多数収録。破産事件そのものの考え方から申立手続、免責までの知識や「非弁行為」にならない事務手続、依頼者対応時の留意点まで丁寧に解説。

新版
弁護士・事務職員のための
破産管財の税務と手続

商品番号：40502
略　　号：破産管財

横田寛 著
2017年9月刊 A5判 364頁 本体3,200円＋税 978-4-8178-4429-3

●「破産財団の増殖のために税務申告をどう活用するか」「できるだけ手間をかけずに税務申告を行うにはどうしたらよいか」を念頭に、著者の管財税務業務遂行上の経験、管財人である弁護士との会話、事務職員からの質問等を基にした「管財人が気になる論点」を解説。

日本加除出版

〒171-8516　東京都豊島区南長崎３丁目16番６号
TEL（03）3953-5642　FAX（03）3953-2061（営業部）
www.kajo.co.jp